はじめてのゆかたの着付けとかわいい帯結び

大竹恵理子

成美堂出版

かわいいゆかた

赤がポイントのコーデ。
そのほかをモノトーンでまとめると
赤がぐっと引き立ちます。

大胆な幾何学模様も
淡い色合いなら優しい印象になります。
半幅帯で大人っぽく。

花柄のゆかたには
ふわふわなへこ帯を同系色で合わせて。
ヘアはタイトにして甘辛コーデ。

ゆかたの柄に使われている
色に合わせて、帯や小物の色を選べば
簡単にまとまります。

もくじ

1 ゆかたの着付け

2 かわいい帯結び

3 ゆかた、帯、小物の選び方

ゆかたの名称

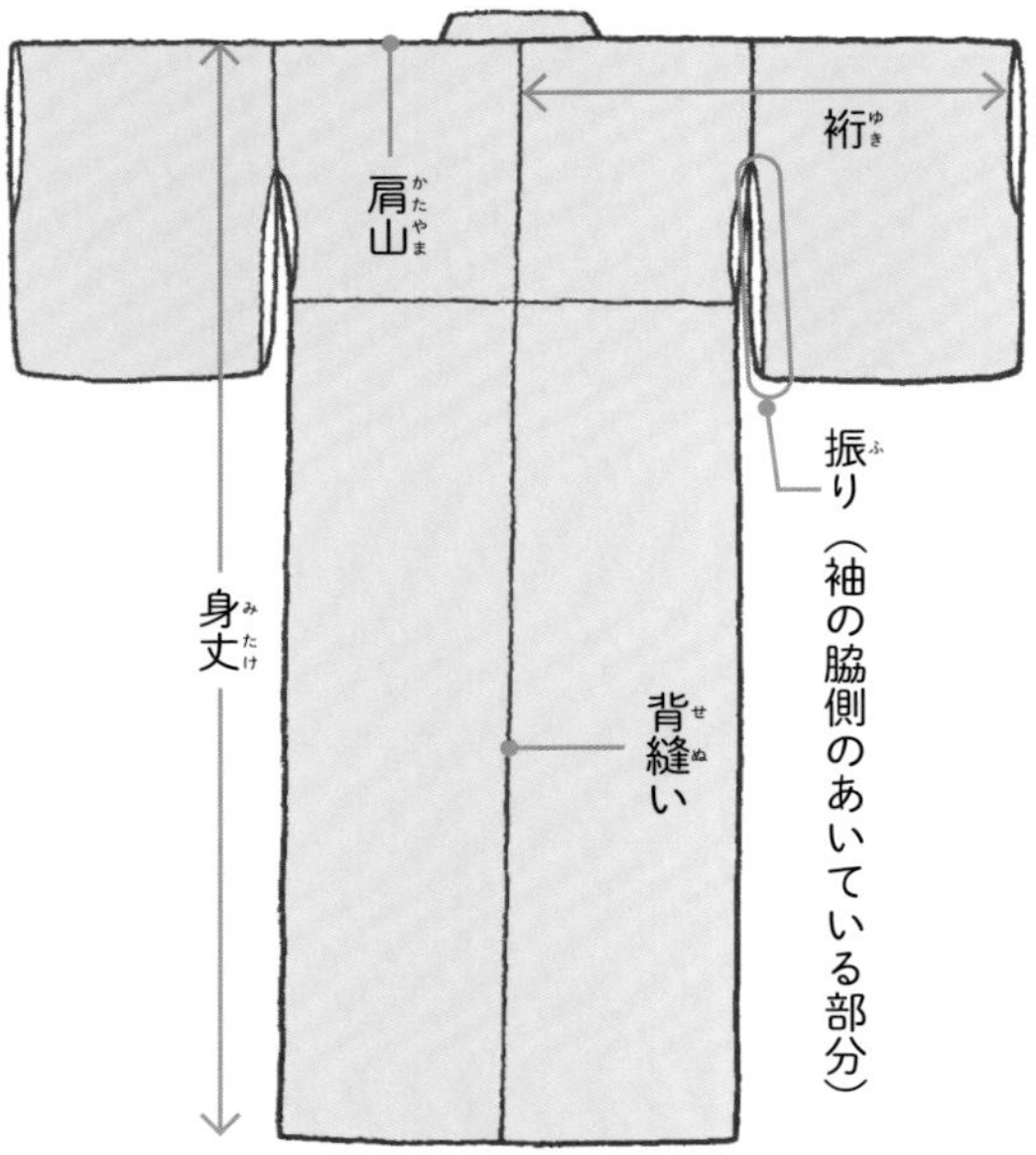
裄《ゆき》
肩《かた》山《やま》
振《ふ》り（袖の脇側のあいている部分）
身《み》丈《たけ》
背《せ》縫《ぬ》い

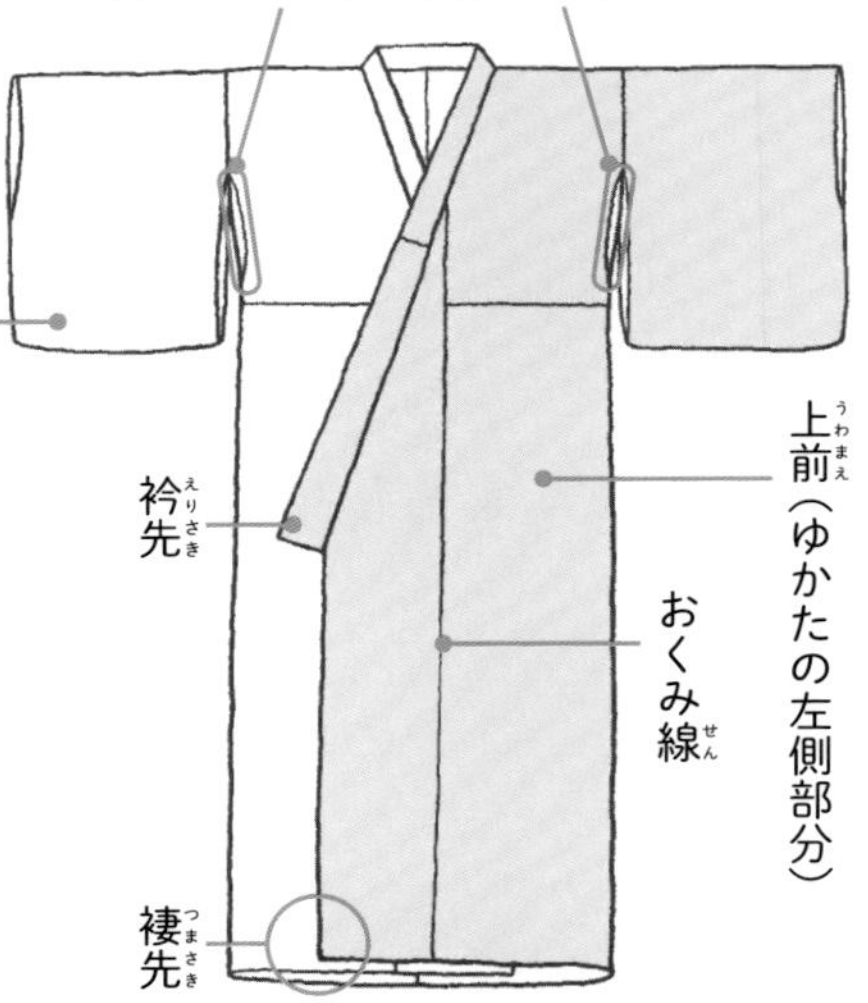
身《み》八《や》つ口《くち》（身頃の脇側のあいている部分）
たもと（袖の下部分）
衿《えり》先《さき》
上《うわ》前《まえ》（ゆかたの左側部分）
おくみ線《せん》
褄《つま》先《さき》

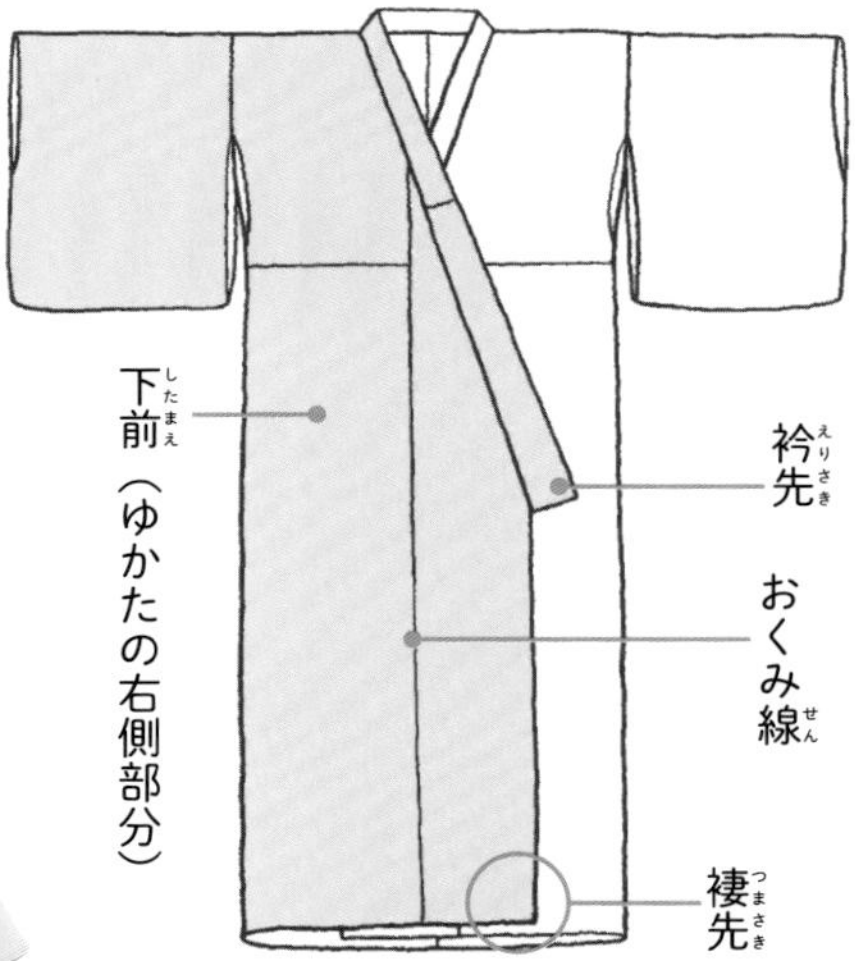
下《した》前《まえ》（ゆかたの右側部分）
衿《えり》先《さき》
おくみ線《せん》
褄《つま》先《さき》

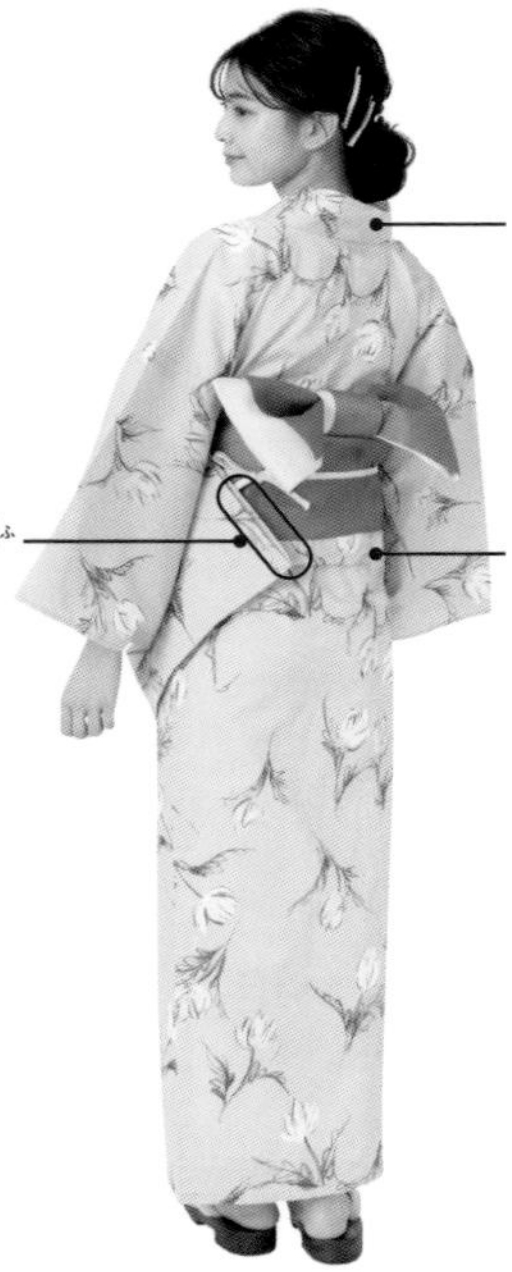
衣《え》紋《もん》
おはしょり
振《ふ》り

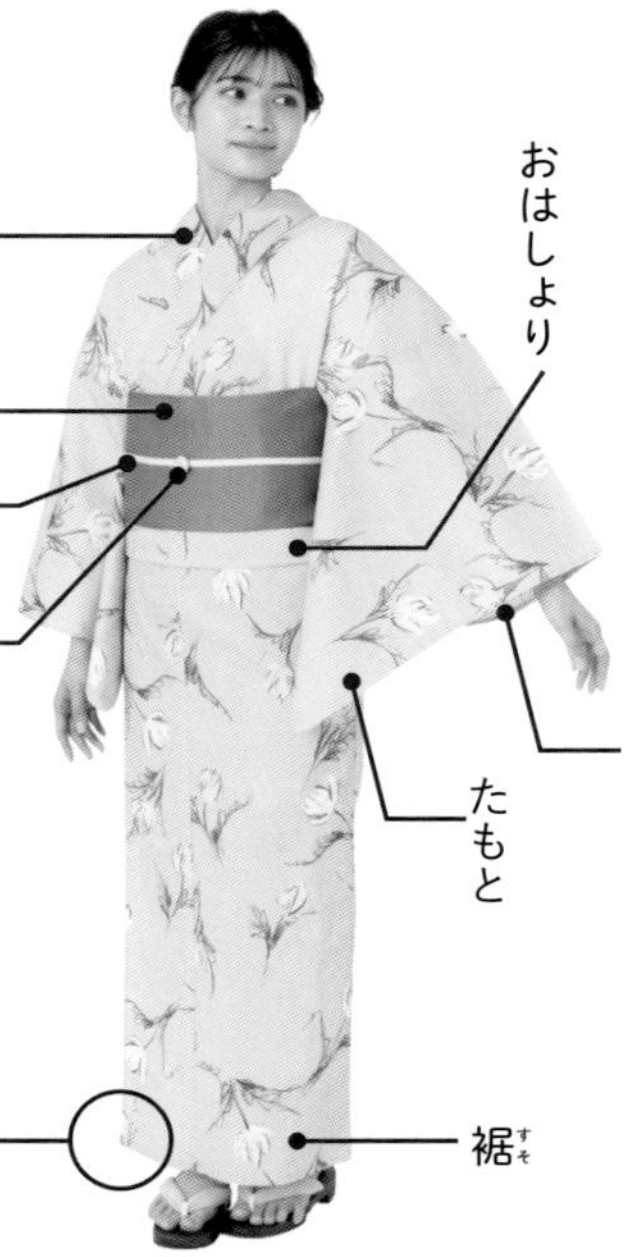
衿《えり》
おはしょり
帯《おび》
帯《おび》締《じ》め
帯《おび》留《ど》め
袖《そで》口《ぐち》
たもと
褄《つま》先《さき》
裾《すそ》

1

ゆかたの着付け

着付けに必要なもの

帯

ゆかたに結ぶ帯は、「半幅帯《はんはばおび》」や「へこ帯」と呼ばれる帯が一般的です。どちらも４mほどの長さがあります。ほかにも、簡単に装着できる「作り帯」があります。

ゆかた

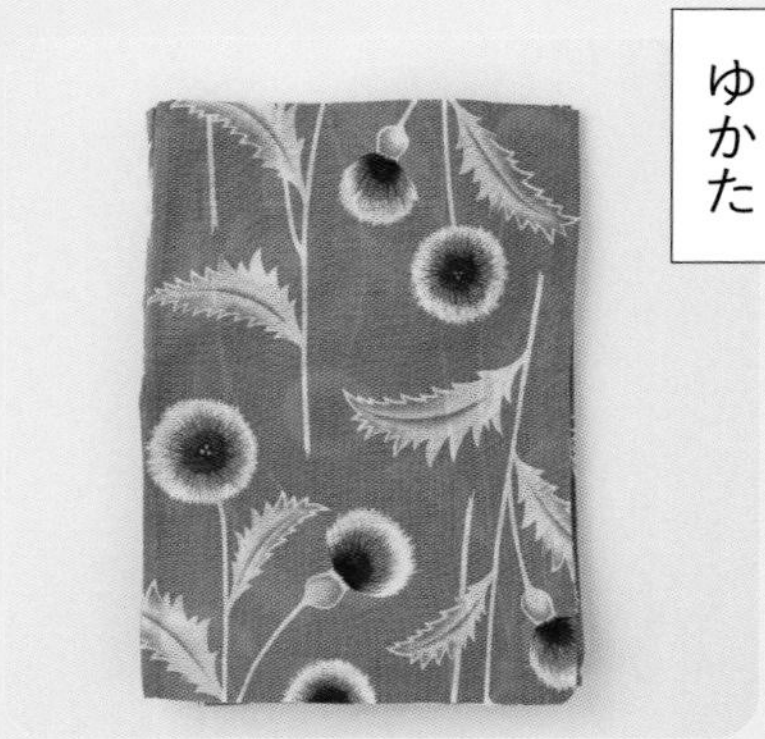

ゆかたは夏祭りや花火大会など、気軽に出かけるシーンで着る、もっともカジュアルな和服です。一般的には５月～９月を目安に着用します。

腰ひも

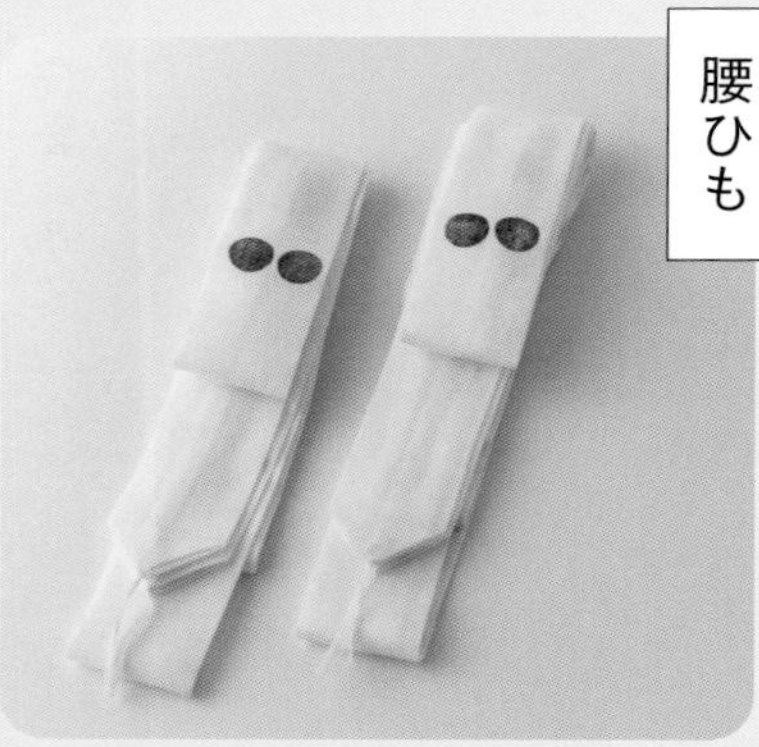

ゆかたを着るときに使うひもを「腰ひも」といい、ウエストや胸もとに結びます。２本用意します。長さの中心がわかるようにペンなどで目印をつけると便利。

肌着

ゆかたを着る前に素肌に着用するのが肌着。手持ちのタンクトップやペチコートでＯＫです。「ゆかた下」というワンピースタイプの肌着もあります（⇨p.10）。

帯板

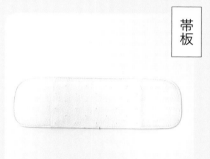

帯を結んだあと、おなか部分に差し込む板。帯にしわがよるのを防ぎます。ゆかたには通気性のよいメッシュ素材のものがおすすめです。厚紙でも代用可能です。

マジックベルト

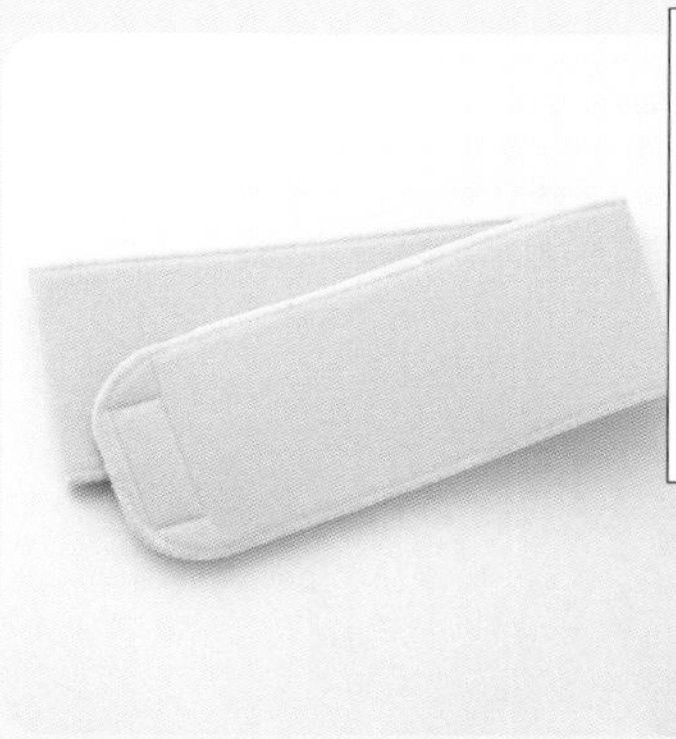

伸縮性がある素材でできたベルトのようなもので、面ファスナーで簡単にとめられるようになっています。胸もとや衿もとがはだけるのを防ぐために使います。

胸が大きい人は……

フェイスタオル

胸が大きい人はウエストにフェイスタオルを巻き、胸とウエストとの差を少なくしてからゆかたを着るのがおすすめです(⇨p.52)。胸もとがはだけにくくなります。1枚用意しましょう。

洗濯バサミ

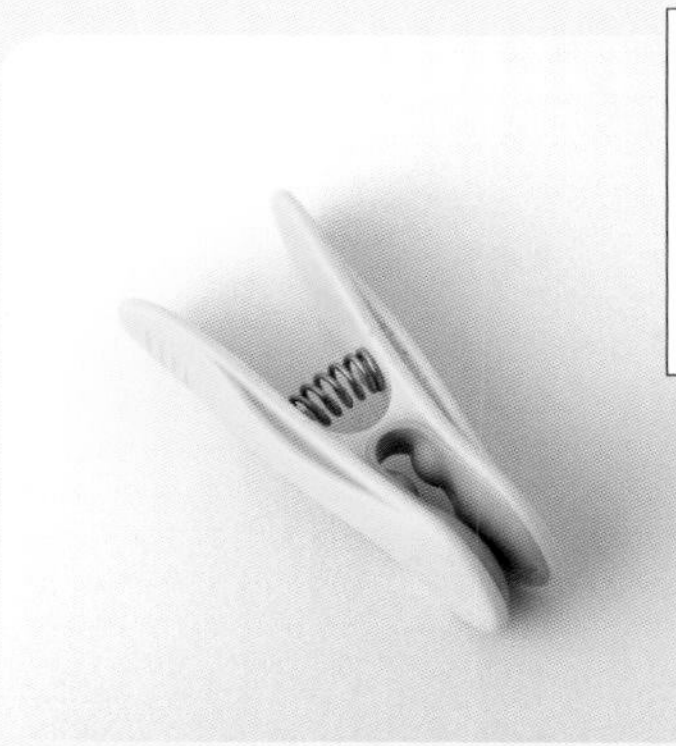

帯を結ぶときに使う、小さな洗濯バサミを1個用意。着物用の「着物クリップ」もありますが、洗濯バサミで十分です。挟む部分にクッションがあるとベター。

ゆかたのときの肌着

カップつきタンクトップ

ゆかたを着るときはできるかぎり胸の凹凸をなくしたほうがきれいなので、ブラジャーは外します。カップつきのタンクトップなら胸もとが不安にならず、おすすめです。洋服を着るときに普段、着けているもので構いません。

ペチコート

歩きやすくするため、また、汗をかいたときに汗が直接ゆかたにつくのを防ぐために着けます。色はゆかたの色に影響しないベージュがベターで、長さはひざ下やふくらはぎくらいが理想的。洋服用のペチコートでＯＫです。

ゆかた下

ワンピースタイプのゆかた用肌着で、着物まわりのアイテムとして売られています。素肌に直接ゆかた下を着たり、タンクトップを着けてからゆかた下を着たりします。

ステテコ

太ももの汗が気になる人は、ペチコートよりステテコがいいでしょう。太ももにかいた汗を吸いとってくれるので、快適に過ごせます。着物用のステテコもありますが、洋服用のペチパンツでも構いません。

肌着のポイント

UNDERWEAR

ブラジャーは外す

胸がふくよかで、くびれたウエストがきれいとされる洋服とは異なり、ゆかたのときは胸の膨らみが目立たないほうがすっとした美しい着姿に見えます。ブラジャーは胸の凹凸を強調させる下着なので、ゆかたを着るときは外し、カップつきのブラトップで胸の凹凸をできるかぎりなくします。

肌着は必須

肌着なしでゆかたを着ると、汗をたくさんかいたときに、ゆかたが直接、汗を吸い、湿っぽくなってしまいます。結果、着心地が悪くなり、汗が引いたあと、体を冷やしてしまうこともあります。また、ゆかたの下に肌着を着ることで静電気を抑え、歩きやすくするという役割もあります。

シームレスがおすすめ

ゆかたは腰まわりにゆとりを持たせずに着るので、ゴムの入ったショーツをはいていると、おしりにラインがくっきり見えてしまうこともあります。シームレスのショーツならラインが目立たず、後ろ姿も安心です。また、淡い色合いのゆかたには透けにくいベージュのショーツがおすすめ。

ショーツは浅いものを

ショーツやペチコートなどの肌着をウエストまで深めにはいていると、ゆかたを着てトイレに行く際に、着脱がたいへんになったり、着崩れにつながったりします。ショーツやステテコは股上が浅めのものを選び、腰までを目安にして浅めにはくように意識しましょう。

1 裾を持ち上げる

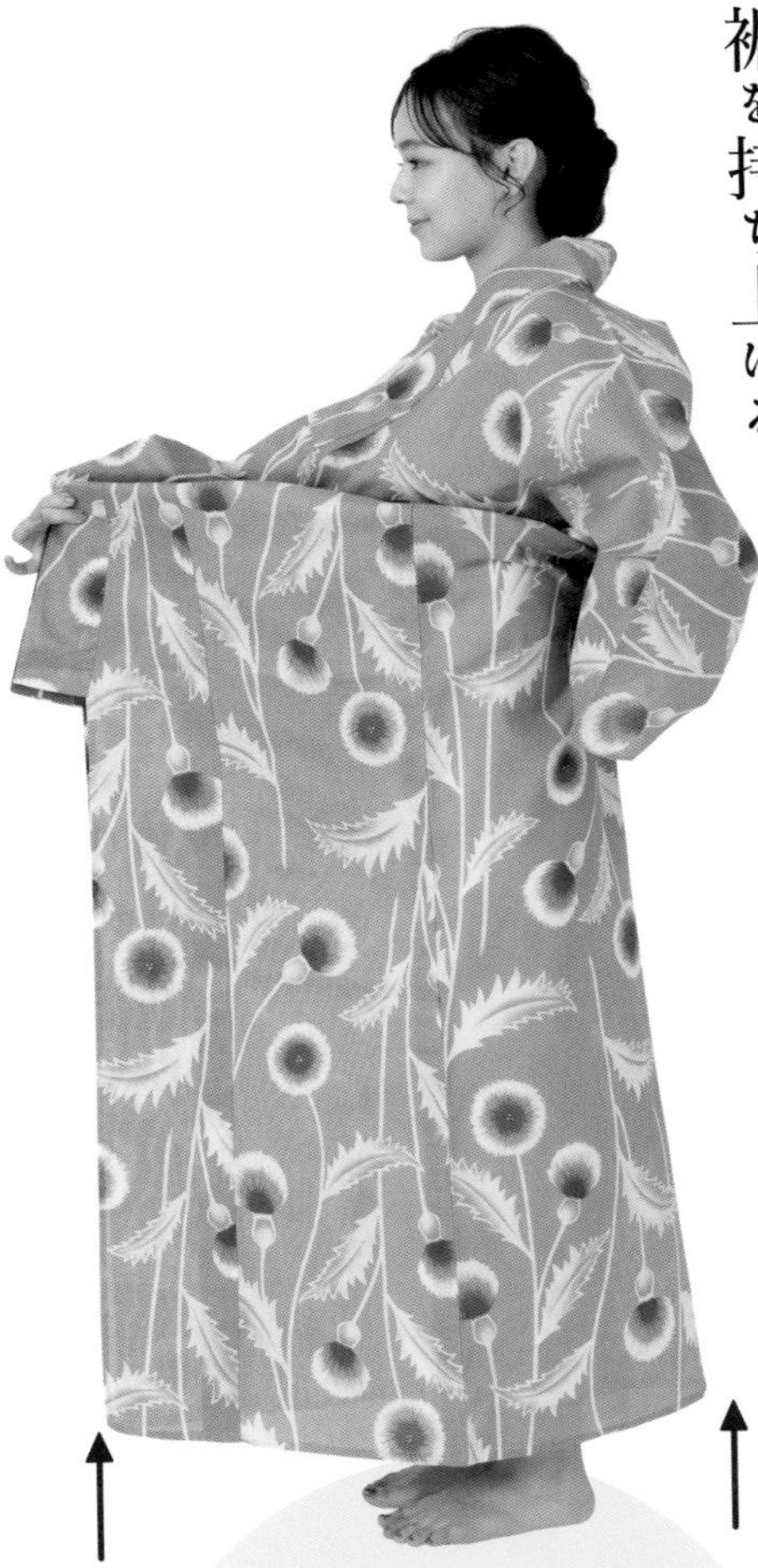

ゆかたを羽織ったら、両方の衿先を合わせて片手で持ち、もう一方の手で背中の縫い目をつまみ、いったん裾を持ち上げます。このとき、両方の手を同時に上げます。

2 裾の高さを決める

くるぶしの下くらいを目安に、裾をゆっくり下ろします。1と同様、両方の手を同時に下げましょう。裾を下ろしたら、衿先を持つ手を前に引き、おしりに密着させます。

3

上《うわ》前《まえ》の幅を決める

体の幅に合わせて、上前（ゆかたの左側部分）の幅を決めます。上前の端が体の右脇にくるように、ゆかた全体を左右にスライドさせながら、幅を調整します。

用語 上前：着たとき、上になる側

4

下《した》前《まえ》を巻き込む

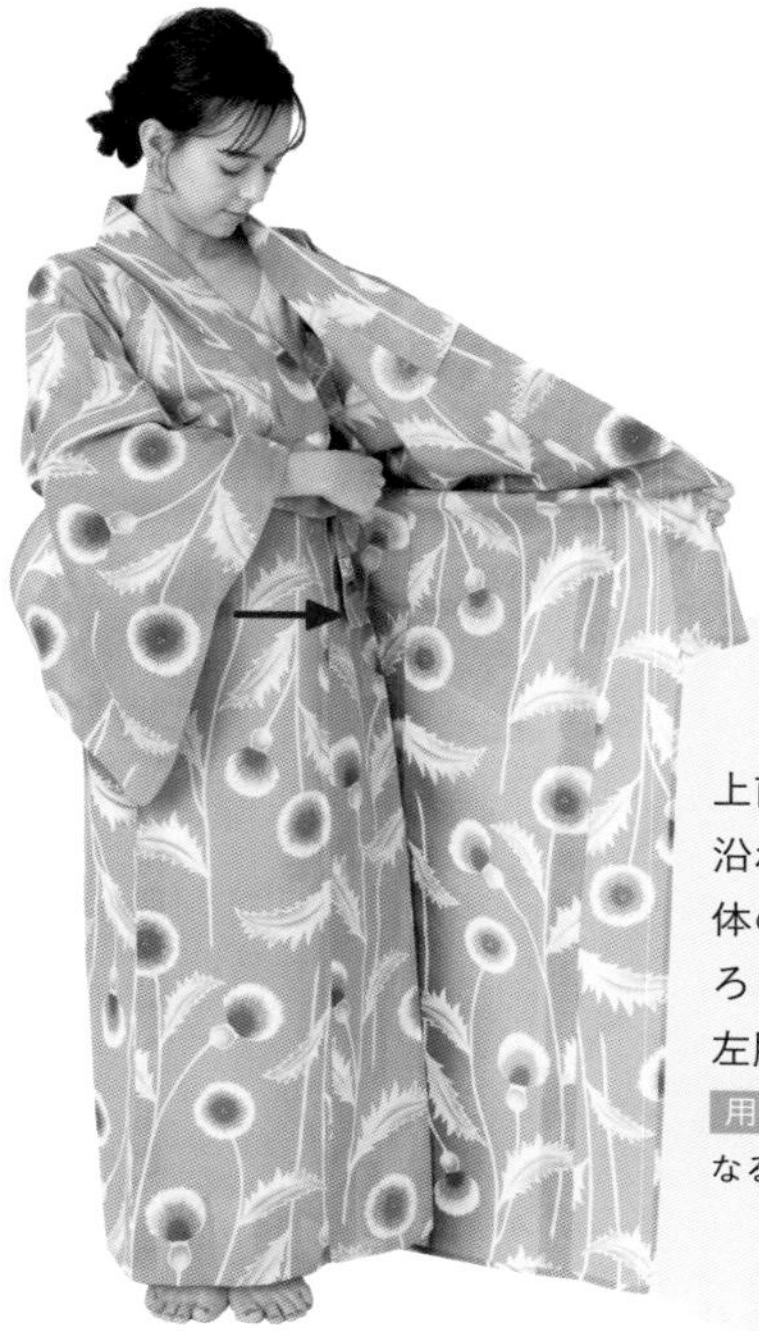

上前を開き、下前を体に沿わせます。下前の端が体の左脇で余るときは後ろまで巻き込まず、体の左脇で折り返します。

用語 下前：着たとき、下になる側

5

下前の褄《つま》先《さき》を持ち上げる

右手をゆっくり上げていき、下前の褄先を床から10cmくらい持ち上げます。このとき、左手が一緒に上がらないように気をつけましょう。

用語 褄先：裾の角

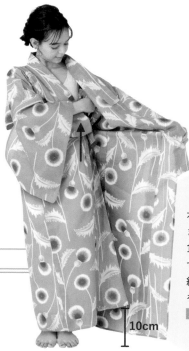

6

上前を重ねる

下前はそのままで、上前を沿わせます。上前を沿わせる途中で、下前を押さえていた右手は外してもＯＫです。

7

上前の褄先を持ち上げる

上前を体に沿わせたら、褄先を床から10cmくらい、ゆっくり持ち上げます。

8 腰ひもをあてる

おへその高さを目安に腰ひもをあてます。腰ひもの結び目が体の中心にくると、ごろついて痛くなることも。腰ひもの中心を体の右側に寄せてから巻き、右側で結び目を作ります。

9 後ろで交差させる

腰ひもを後ろで交差させたら、一度ぎゅっと締めます。このとき、おしりの上のへこんでいるところで交差させると、腰ひもがしっかり安定します。

10 体の右側で結ぶ

腰ひもを前に持ってきて体の右側でリボン結びにし、余った部分は胴に巻いた腰ひもに挟み込みます。

11 背中のたるみをとる

脇にある身《み》八《や》つ口《くち》からそれぞれ手を入れ、手のひら全体をゆかたにあてます。矢印のように手をスライドさせ、背中のたるみをとりましょう。背中部分を下に伸ばすイメージです。

12 前のたるみをとる

後ろと同様に、手のひら全体をゆかたにあて、矢印のように手をスライドさせて、前のたるみをとりましょう。このとき、上前と下前の２枚は重なっている状態です。

13

後ろの衿を首につける

片手で両方の衿を持ち、もう一方の手で背縫いを持ったら、衿を持つ手を一度前に引き、後ろの衿を首に密着させます。衿を持つ手は、胸下くらいの高さを目安にしましょう。

14

後ろの衿を首から離す

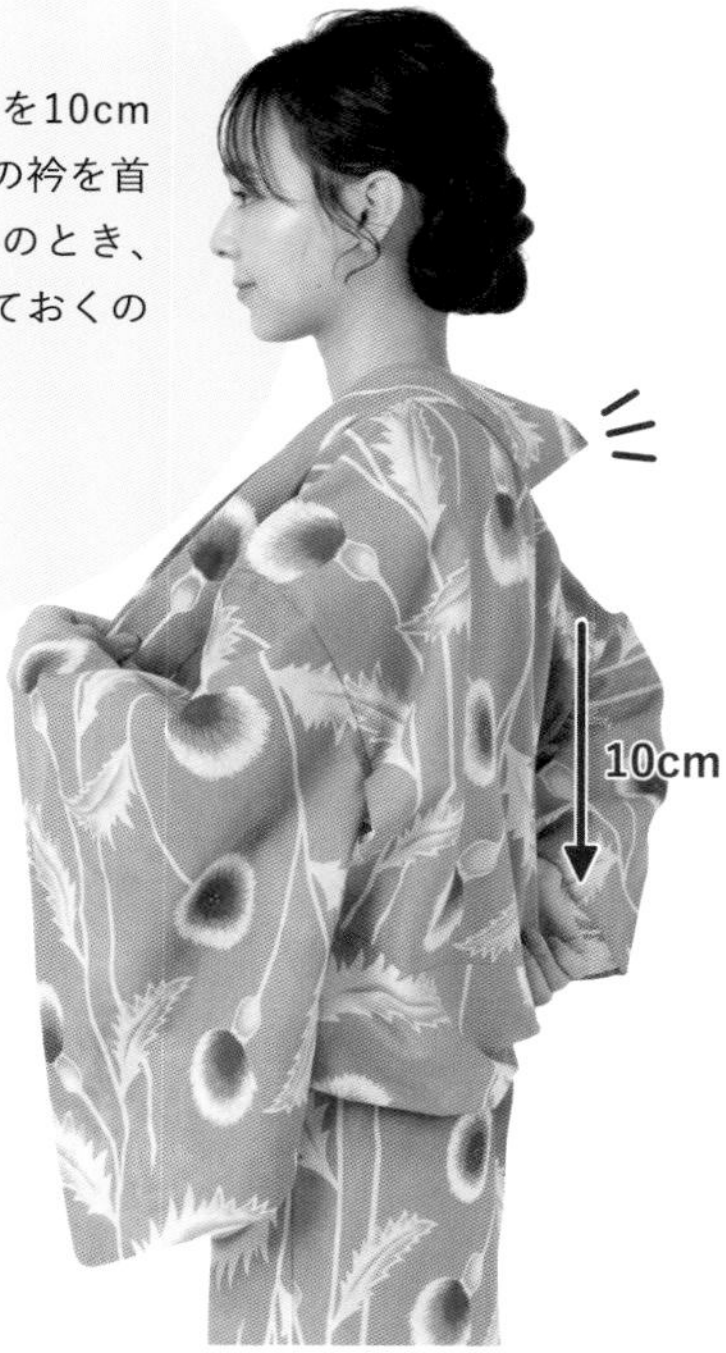

背縫いを持った手を10cmくらい下げ、後ろの衿を首から離します。このとき、まっすぐ前を向いておくのがポイントです。

15

衿を合わせる

右手は上前の衿を持ち、左手は左側の身八つ口から手を入れて下前の衿を持ちます。それぞれの手を横に引き、鎖骨がかくれるくらいを目安に衿を合わせます。

16

2本めの腰ひもをあてる

アンダーバストを目安に腰ひもをあてます。結び目が体の中心にくるとみぞおちが痛くなることもあるので、中心を体の右側に寄せてから巻きましょう。

17

腰ひもを結ぶ

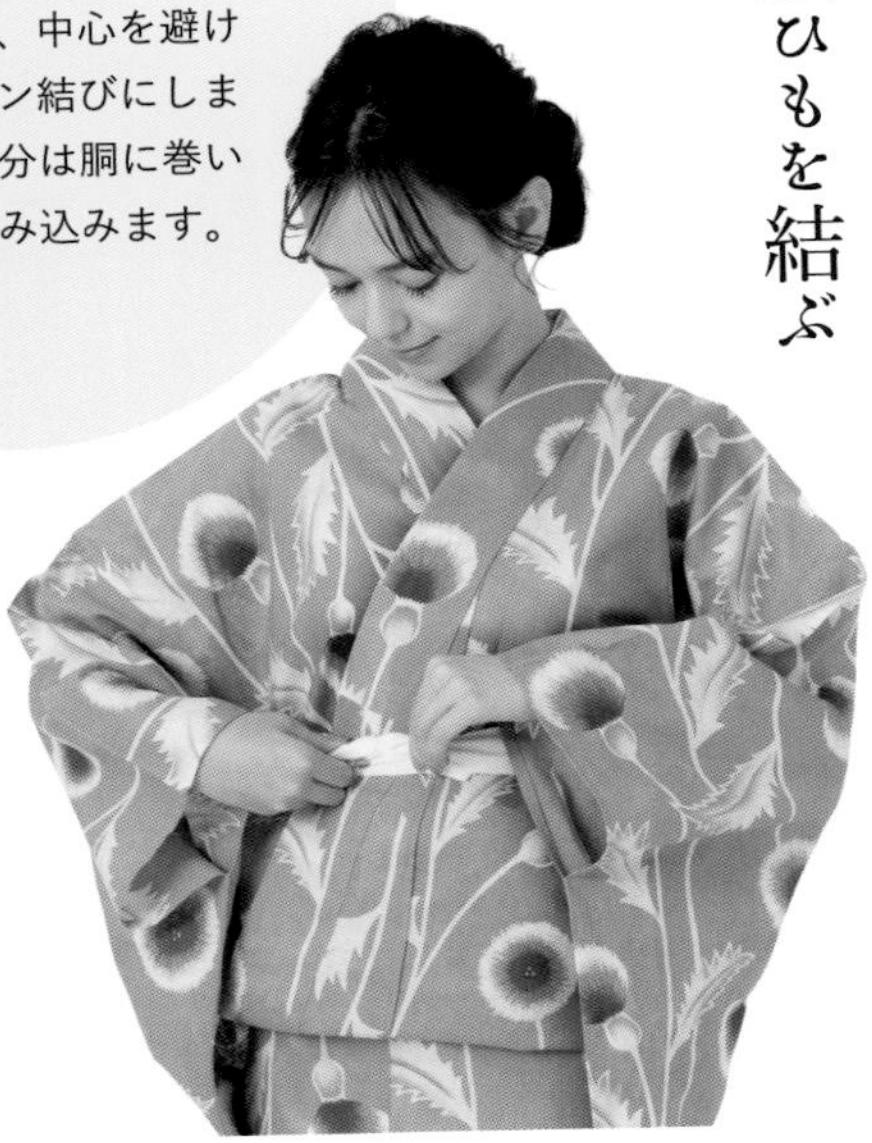

腰ひもを後ろで交差させて一度ぎゅっと締めたら、前に持ってきて、中心を避けて右側でリボン結びにします。余った部分は胴に巻いた腰ひもに挟み込みます。

18

背中のしわをとる

腰ひもより上を両脇でつまみ、矢印のように左右に引っ張ってしわをとります。このとき、背中を少し丸めると、スムーズにしわをとることができます。

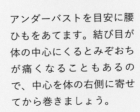

19 マジックベルトを背中に回す

マジックベルトを背中に回します。高さは胸下に巻いた腰ひものやや下が目安。

＊おはしょりを短くした場合、洗濯バサミで腰ひもと一緒にとめておきます。

20 前でとめる

マジックベルトを少し引っ張りながら、前でとめます。マジックベルトの上や下にしわがあれば、左右にしごいてとりましょう。洗濯バサミがあれば、最後に外します。

おはしょりが長いとき

おはしょりの下線がおへその5㎝下くらいにくるのが目安です。それより長いときは、マジックベルトをつける前におはしょりを短くします。腰ひもの少し下をつまんで持ち上げましょう。ぐるっと背中まで持ち上げられるのがベストですが、正面だけでもOKです。

ゆかたを着たときの

きれいな着姿

後ろの衿が首から離れている

のどのくぼみをかくすように衿が深く合わさっている

裾は、くるぶしの高さ

下半身の背縫いは、ずれていてOK

マイサイズで仕立てたゆかたでないかぎり、背縫いは一直線にそろわないことがほとんどです。このとき、上半身の背縫いは体の中心にありますが、下半身の背縫いはおもに右にずれます。

イマイチな着姿

左右の衿合わせが逆

ゆかたの衿合わせは、左の衿が上にある状態が正解です。「右手が衿の中にすっと入る」と覚えておきましょう。右の衿を上にして着るのは、一般的には「死に装束」のとき。縁起が悪い着姿になってしまいます。

裾が広がっている

腰から裾に向かってフレアスカートのように広がるのはＮＧです。ゆかたを胴に巻きつけるとき、左右の身頃の角（褄先《つまさき》）を10cmほど上げるように意識して巻くことが重要です。

後ろの衿が首についている

後ろの衿のフォルムは、ゆかたならではの着姿を楽しめる大事な部分。後ろの衿が首についていると、ゆかたらしさが半減します。また、衿もとが緩みやすく、着崩れの原因にも。後ろの衿は首からしっかり離れるように意識して着付けましょう。

人に着付けるときの Point《ポイント》

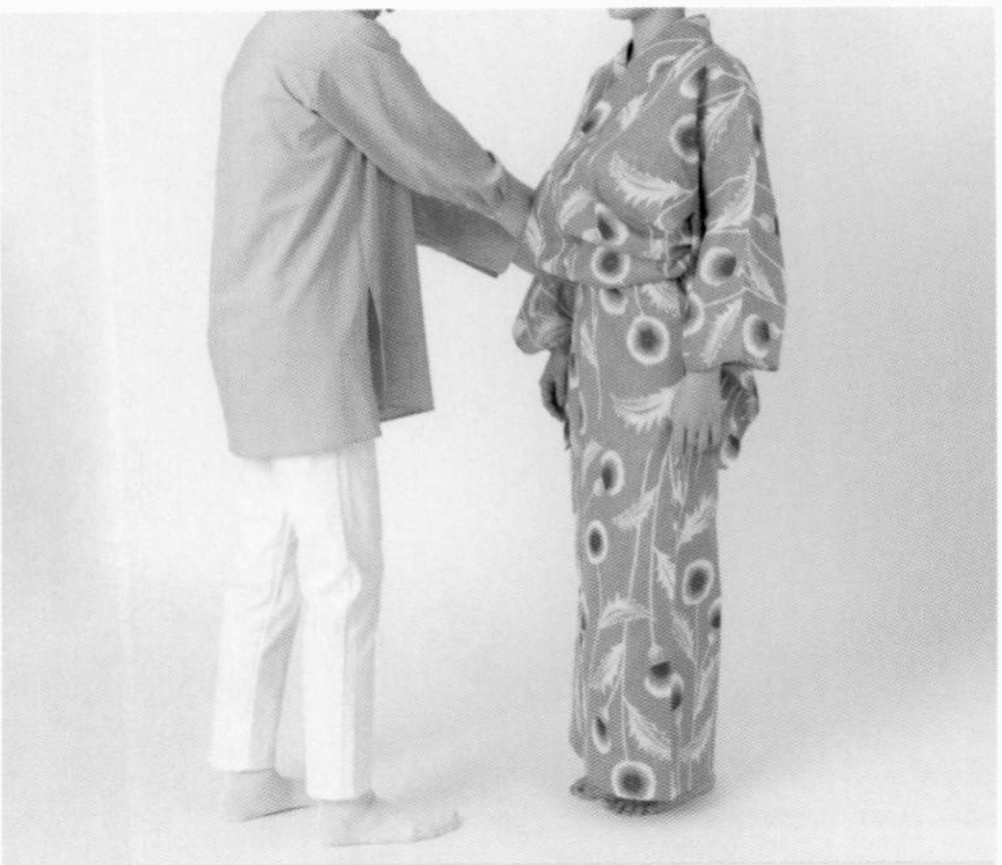

左右逆に
ならないように

身頃を体に合わせるとき、自分で着るときと人に着せるときでは合わせる順番が左右逆になります。間違えやすいので、とくに気をつけたいポイントです。

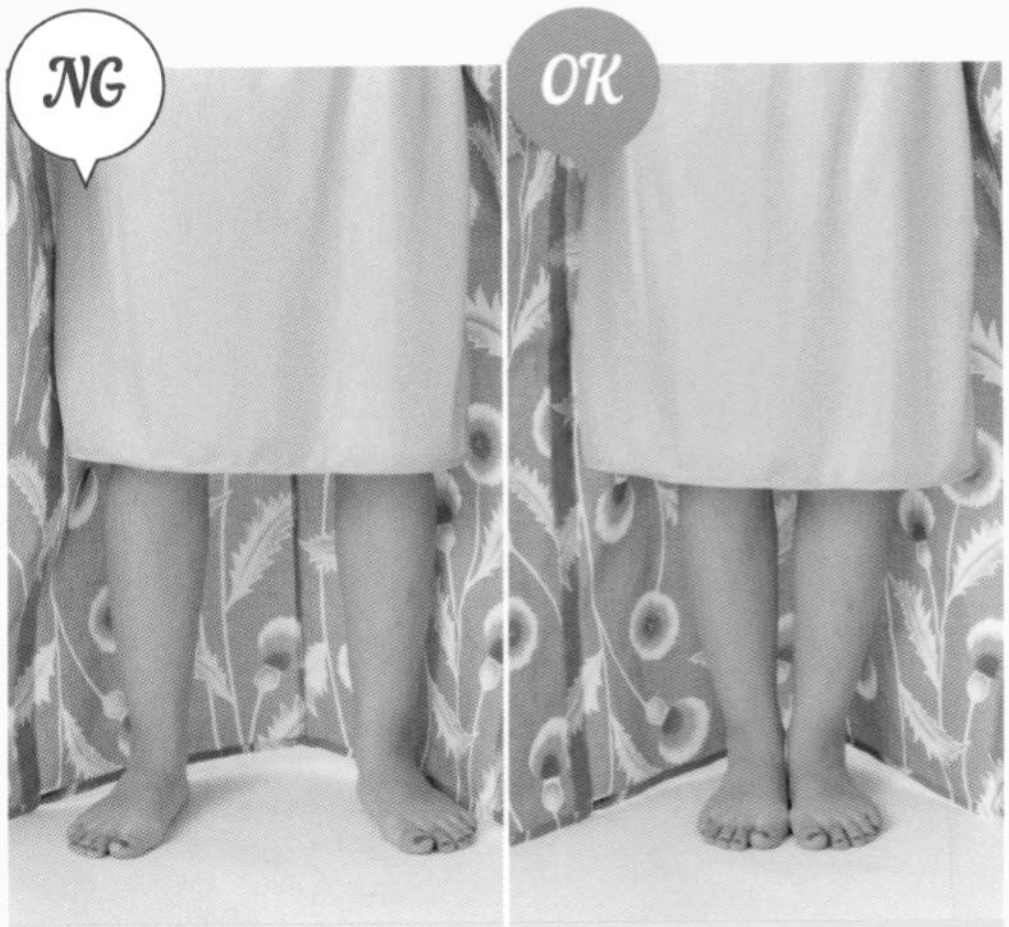

足を
そろえてもらう

足を開いた状態で着付けると裾が短くなってしまうので、腰にひもを結ぶまでは足を閉じてもらいましょう。

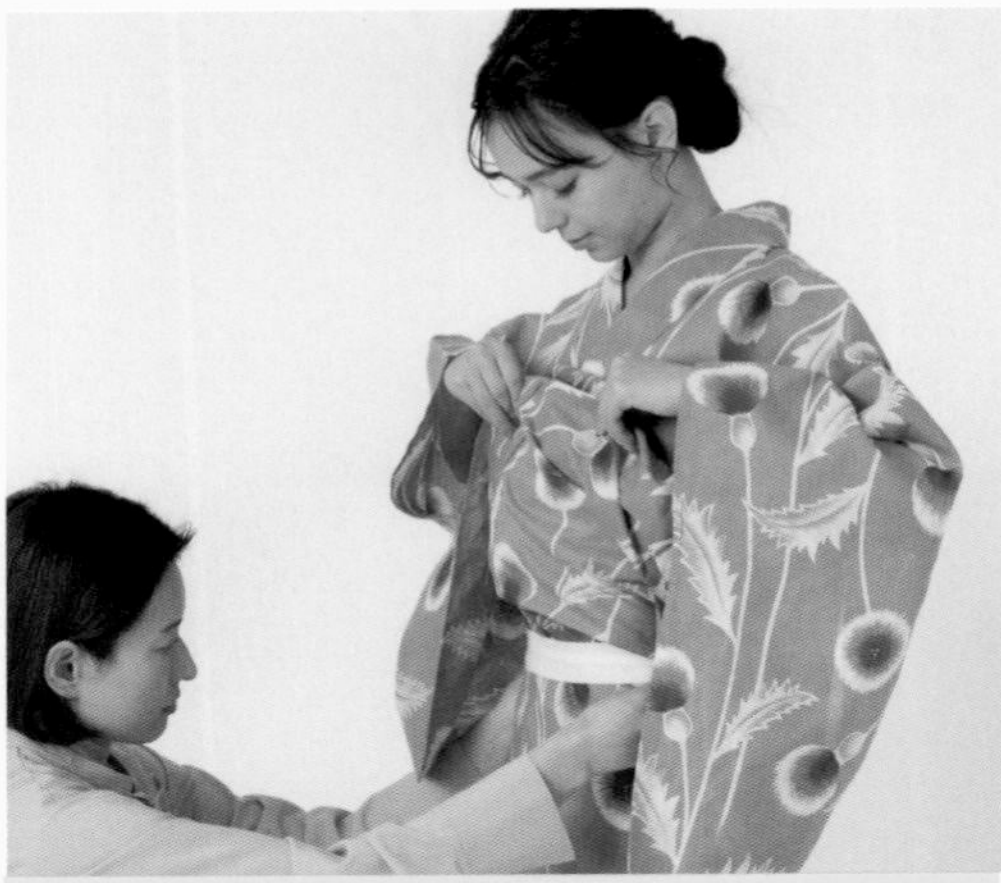

ゆかたを
持っていてもらう

腰ひもを結ぶときなど、上半身の身頃がもたついて着付けるのに邪魔なことがあります。ウエスト部分がよく見えるよう、持っていてもらうといいでしょう。

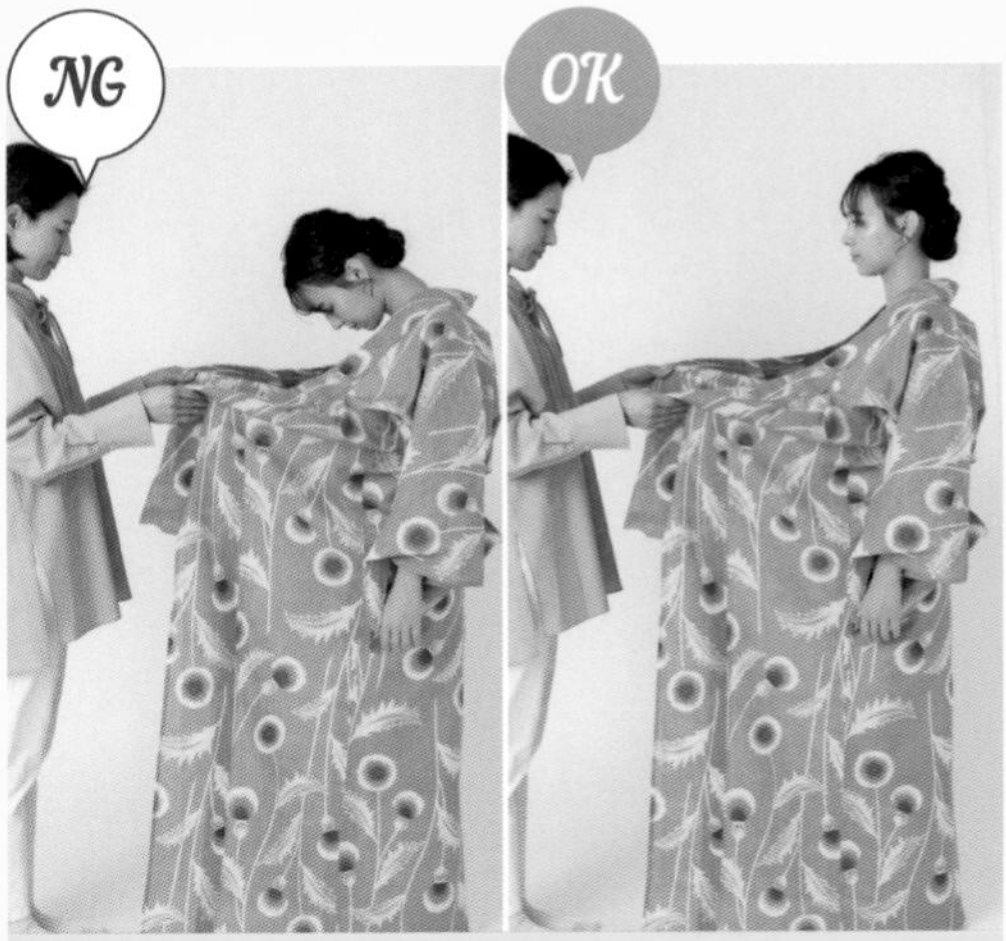

裾の高さを決めるとき
正面を向いてもらう

裾の高さを決めるとき、着る人が下を向いていると、あとで裾が短くなってしまいます。正面を見てもらいましょう。

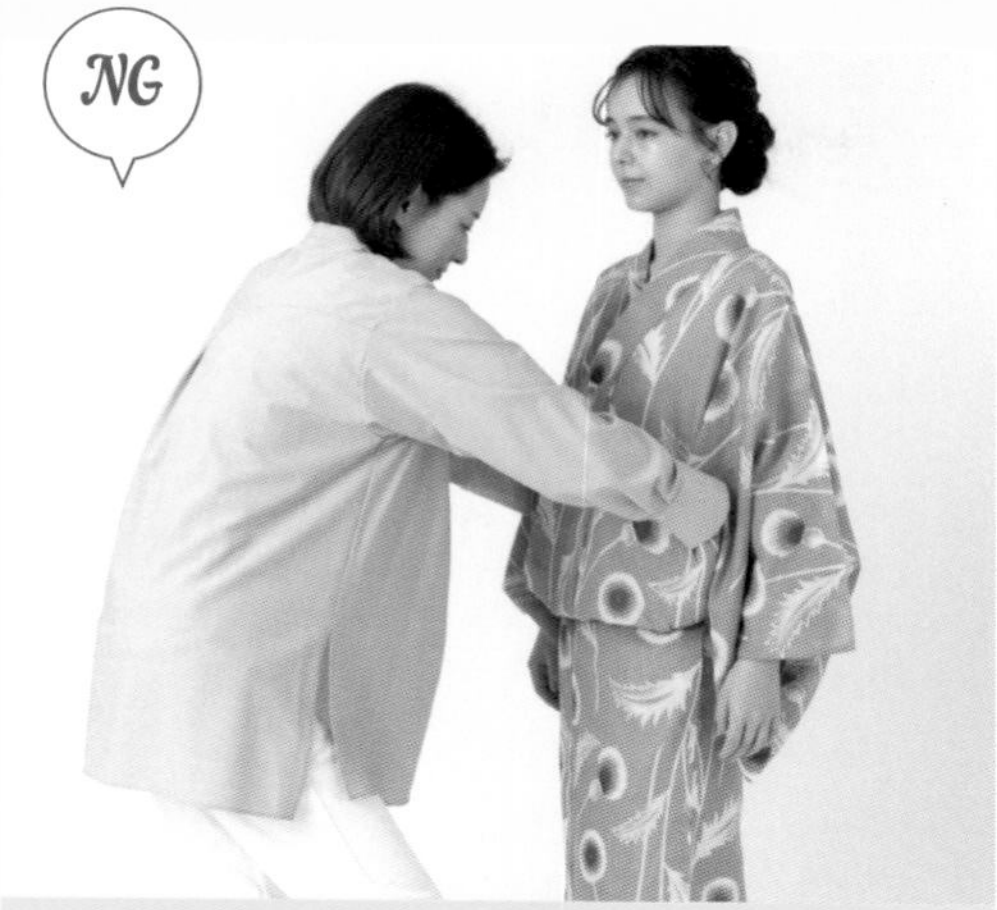

ゆかたを引っ張りすぎない

上半身の前後のたるみをとるとき、たるみを伸ばすことだけに意識がいき、ぐっと力を込めて引っ張ってしまいがちです。力を入れすぎると着る人の肩に負担がかかるので、優しく引っ張りましょう。

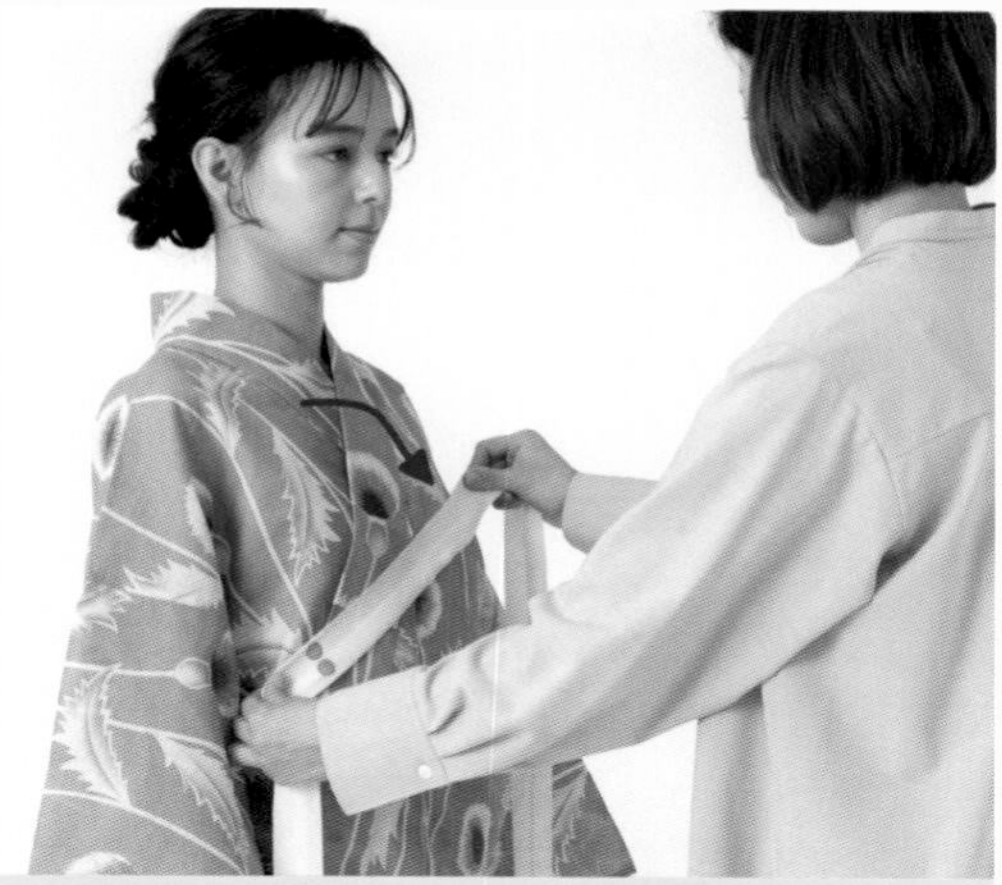

胸もとのたるみをとるときは上から下になでるように

左手で腰ひもを着る人の右の胸下にあてたら、右手で持っている腰ひもを上から下に、左の胸もとをなでるように動かすと、胸もとのたるみが簡単にとれます。

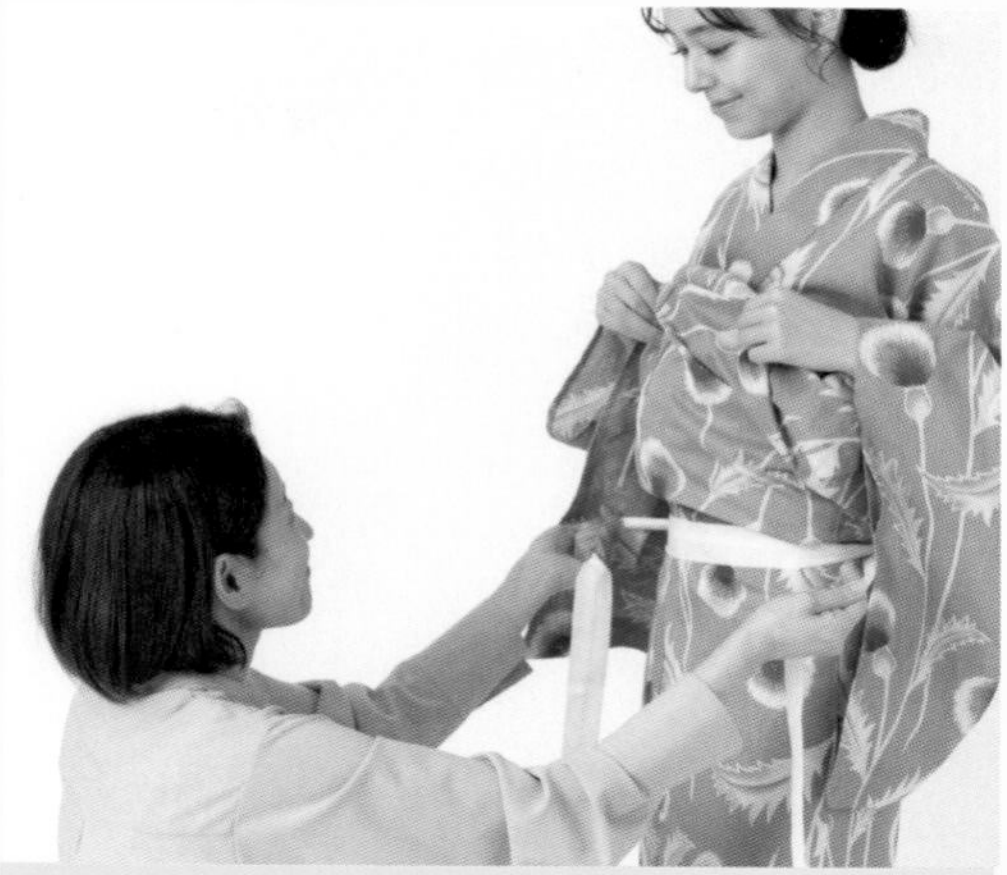

腰ひもの締め具合を確認する

腰ひもを前に持ってきたら結びますが、締め具合がちょうどよいか確認しましょう。時間がたつと腰ひもがなじんで緩くなってくるので、この段階ではややきつく感じるくらいがベストです。

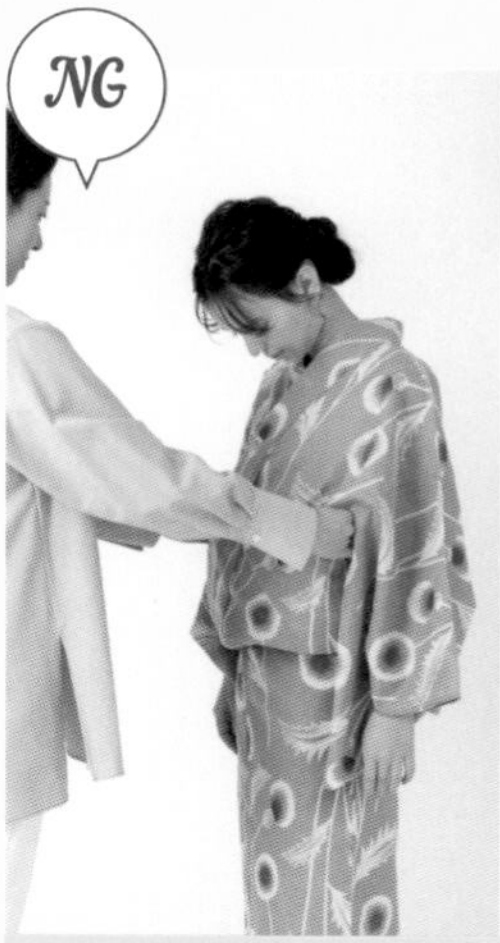

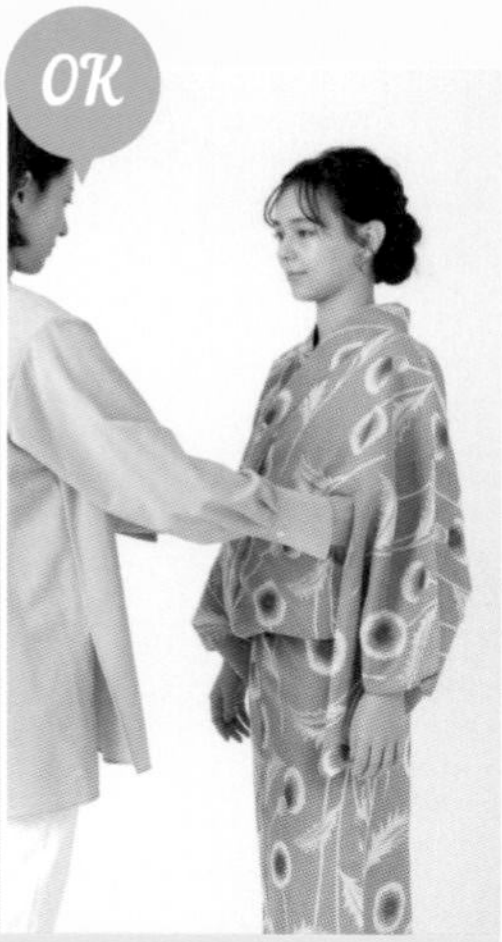

衿合わせをするとき正面を向いてもらう

衿合わせをするときに着る人が下を向いていると、衿の部分がきちんと見えません。正面を向いてもらいましょう。

column 01

どこでゆかたを買う？

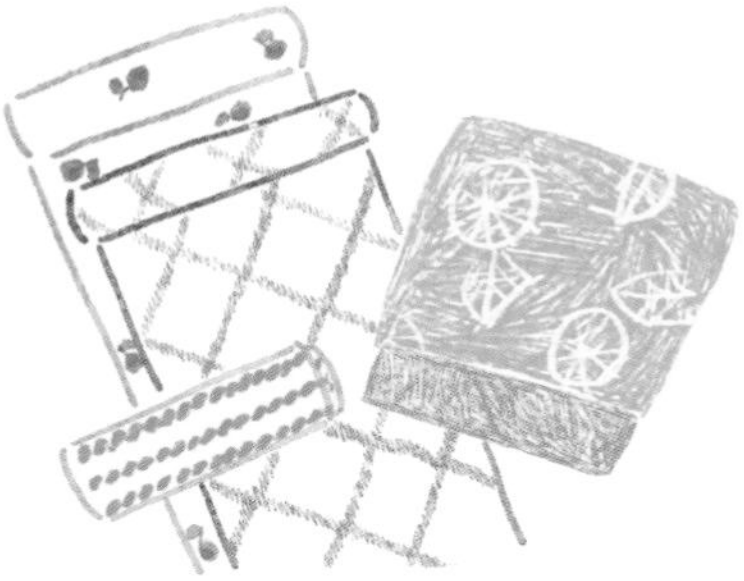

デパート

「何年も着られるゆかたがほしい！」と考えている人には、少し価格が高くても、反物《たんもの》からマイサイズに仕立てたり、生地にこだわって選んだプレタ(仕立てた状態で販売されているタイプ）のゆかたを購入したりするなどがおすすめ。

ネットショップ

接客されるのが苦手な人、近くにゆかたを販売している店がない人、たくさんの種類を見てからゆかたを購入したい人などにおすすめなのがネットショップです。新品はもちろん、古着のゆかたや帯、小物などを探すこともできます。

セット販売

ゆかたや帯、下駄などのセット販売は、１万円前後の安価な商品がほとんど。大型スーパーやショッピングモールなどの店舗、ネットショップなどで購入できます。リーズナブルにそろえたい人、コーディネートに悩む人におすすめ。

2

かわいい帯結び

ゆかたの帯結び

へこ帯

半幅帯より帯幅が広く、やわらかな素材でできているのが特徴です。クシュクシュとさせながら結ぶので、帯結びが簡単なのも魅力です。

リボン返し……p.40

リボン重ね……p.48

リボン結び……p.49

文庫結び……p.28

半幅帯《はんはばおび》

ゆかたに合わせる帯としてもっとも一般的で、帯の幅が約15cm、長さは４m近くあります。さまざまな形に結ぶことができます。

花文庫……p.38

重ね文庫……p.39

羽根をずらす……p.36

羽根を長めにする……p.36

片流し……p.37

作り帯

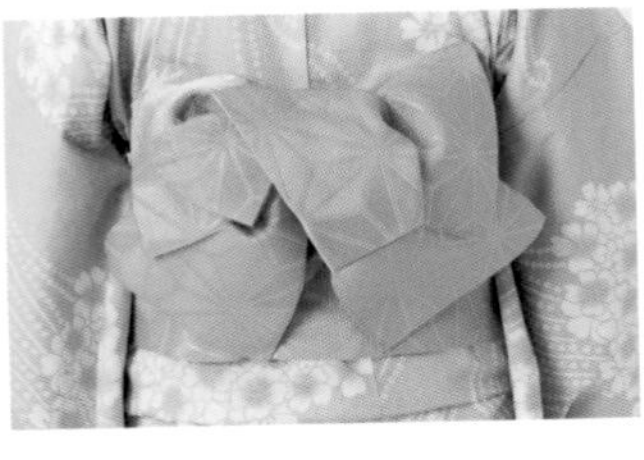

リボン形……p.50

帯結びが苦手な人、帯を簡単につけたい人におすすめなのが作り帯です。胴に巻く部分と、リボンの部分の２つに分かれています。

【帯結びで知っておきたいこと】

「て」と「たれ」は決まっていない

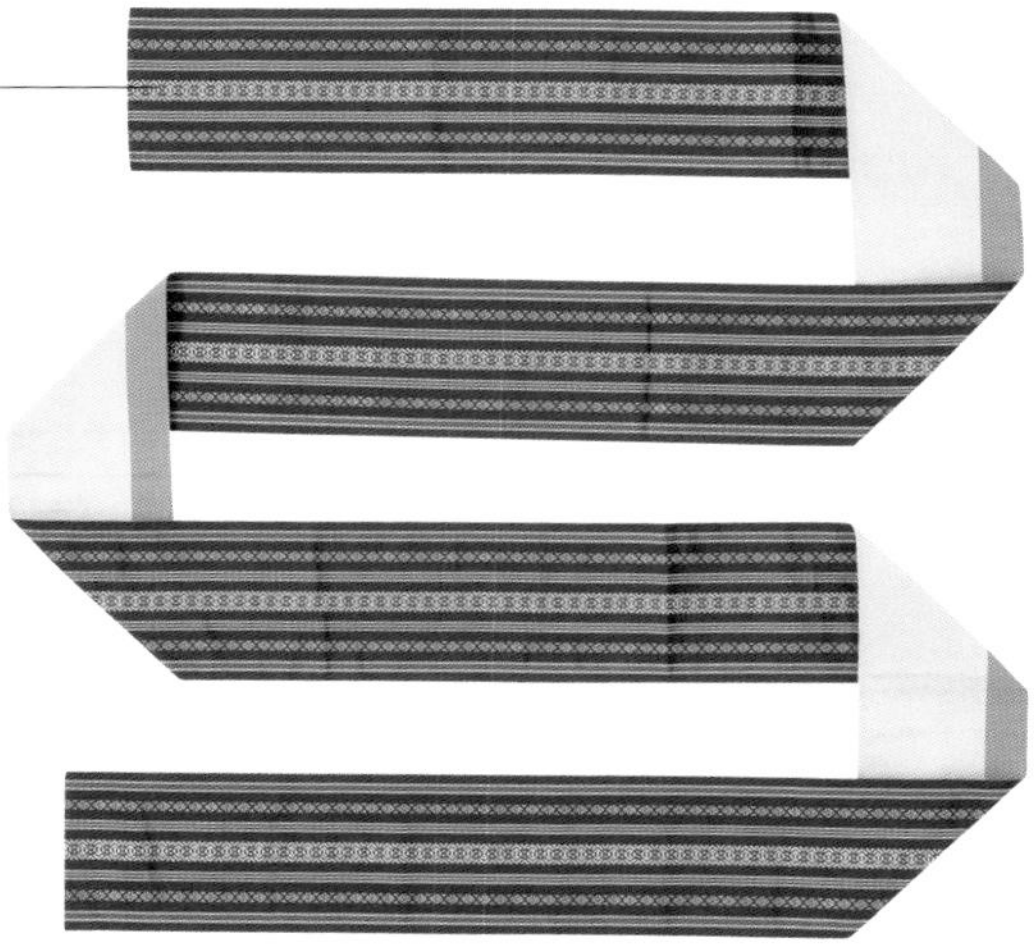

てとたれ

帯を結ぶ手順の中で必ず出てくるワードが、「て」と「たれ」です。「て」は最初に胴に巻きつけていく側のことを呼び、もう片側を「たれ」と呼びます。帯の両端にそれぞれの呼び名をつけることで、帯結びをわかりやすくします。どちらを「て」、どちらを「たれ」にするかは自分で決めてＯＫで､帯を巻くたびに「て」を変えても毎回同じ側にしても、好みで構いません。

帯結びが苦しいとき

帯を胴に巻くとき、息がしづらくなるほど帯をきつく結ぶ必要はありません。締めつけに弱い人は、きつく締めすぎないように気をつけましょう。胴に巻いていくときにどうしてもきつくなってしまうときは、丸めたタオルを胸もとに挟んで帯を巻くと、締めすぎを防げます。帯を結び終わって帯結びを背中に回すときに、タオルを外しましょう。

帯板の役割

帯板は帯の中に入れて使うもので、胴に巻いた帯にしわがよらないようにする、帯幅が細くなるのを防ぐなどの役目をします。やわらかなへこ帯を結ぶときは、ウエストで細くまとまってしまうのを防ぐため、帯板は必ず入れましょう。帯地にある程度のハリがある半幅帯や作り帯には、帯板を入れなくても構いません。

文庫結び

1 「て」の長さを測る

右手で帯の端を握るように持ちます。こちらの帯を「て」と呼びます。右手を斜め下に伸ばし、左手はのどもとのあたりで帯を持ち、腕の長さ分を測ります。

2 「て」を幅半分に折る

1で測った場所に目印として洗濯バサミをとめます。目印をつける部分の幅を半分に折ったら(表に出したい色が見えるように)、開かないように2枚一緒にとめておきましょう。

3 「て」を肩にかける

帯の輪（折り山）が外側にくるように、右肩に「て」をかけます。そのあと、洗濯バサミが胸のあたりにくるように調整します。

4 「て」を胴に巻いていく

洗濯バサミの位置が動かないように右手で押さえ、左手で帯を背中まで巻きます。このとき、帯は開いた状態です。左の手のひら全体で、帯の上をスライドさせるように動かすとスムーズです。

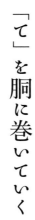

5 帯をふた巻きする

右手を背中に回して帯を受けとり、4と同じく手のひら全体で帯の上をスライドさせるように動かしながら、おなかまで帯を巻きます。同様にして、もうひと巻きします。

6 帯を締める

左手は胴に巻いた帯のひと巻き目だけを持ち（軽くつまめばＯＫ）、右手で帯を下から持ったら、右手を斜め下にゆっくり引いて帯を締めます。

7 洗濯バサミをとめ直す

胴に巻いた帯が緩むのを防ぐため、「て」にとめていた洗濯バサミを右手で外し、左手でつまんでいる部分の帯をふた巻き目と２枚一緒にとめます。このあと、両手は帯から離してＯＫ。

8 帯を斜めに折り上げる

右脇から斜め上に、帯を内側に折り上げます。左脇部分が帯幅半分くらいになるように折り上げましょう。帯を細くして結びやすくするためです。

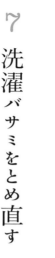

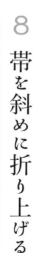

9 「て」を下ろす

左手はそのままで、肩にかけていた「て」を右手で下ろします。下に引っ張らないようにしましょう。このとき、どちらの側の帯も幅が半分に折られている状態です。

10 「て」を下から通す

左手はそのままで、左手で持っている帯の内側に、「て」を下から巻きつけるように通します。右手の指で下からぐっと押し上げる感じにするとスムーズです。

11 帯を締める

「て」をすべて引き抜いたら、結び目の近くをそれぞれ持って、斜めに引っ張り合って帯を締めます。上下に引っ張ると締まりにくくなるので、斜めに引っ張るのがポイントです。

12 十字にする

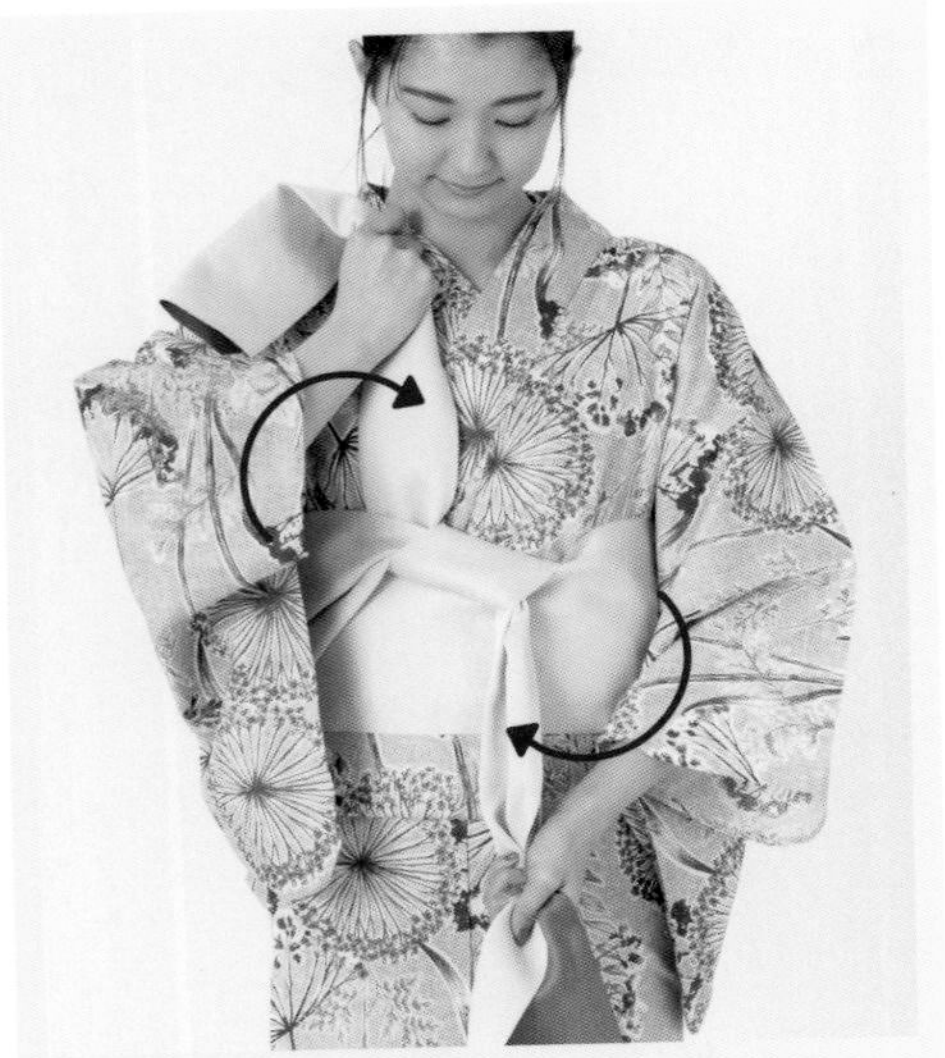

帯を締めたら、十字になるように素早く動かします。こうすることで結び目が緩むのを防ぐことができます。

13 「たれ」の根元を開く

「て」を右肩にかけておきます。もう片方の帯を「たれ」を呼びます。「たれ」の根元をぐっと左右に開きます。これも結び目が緩むのを防ぐためのひと手間です。

14 「たれ」を折りたたむ

「たれ」を先端からくるくると折りたたんでいきます。このとき、たたんだ長さが30cmくらいになるのを目安にします。

15 「たれ」を結び目に重ねる

結び目の根元まで折りたたんだら、結び目に重ねます。この折りたたんだ「たれ」を「羽根」と呼びます。

16 羽根の中心を谷折りにする

羽根の中心を谷折りにして、左手でしっかり持ちます。

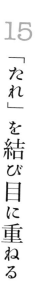

17 両端を山折りにする

さらに両端をそれぞれ山折りにします。これで2つの山ができました。折った部分をしっかり左手で押さえておきます。

18 「て」を下ろす

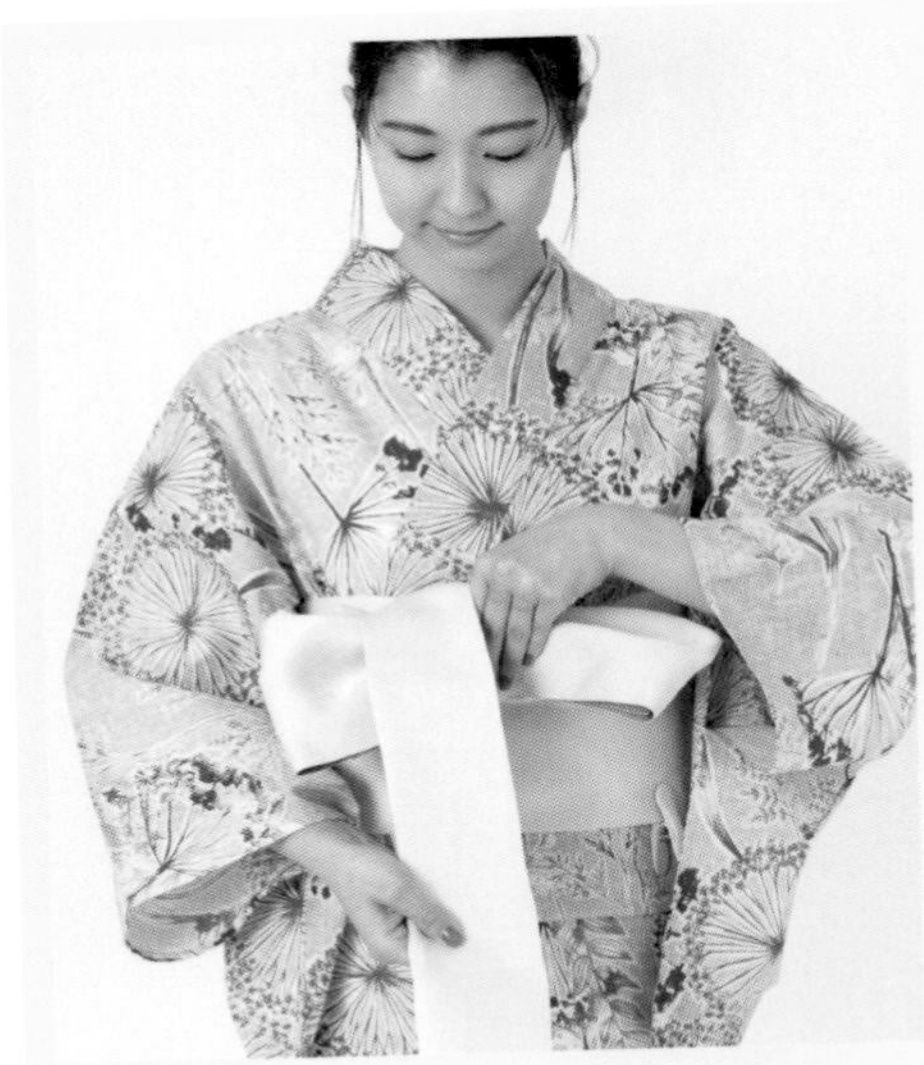

左手はそのままで、肩にかけていた「て」を右手で持ち、羽根の上に重ねるように下ろします。

19 「て」を下から通す

「て」を結び目の内側に下から通します。このとき、巻きつけるようにします。右手の指で下からぐっと押し上げるような感じです。

20 「て先」を引き抜く

羽根の中心をくるむように、「て先」を下から引き抜きます。リボンの結び目ができるように、しっかり引き抜きましょう。

21 「て先」を上から通す

胴に巻いた帯と着物の間に、「て先」を上から通します。このとき、胴に巻きつけている帯を体から引き離すようにぐっと引っ張って空間を作っておくと、「て先」を入れやすくなります。

22 「て先」を引き抜く

胴に巻いた帯の下から指を入れて、「て先」を引き抜きます。「て」は胴に巻いた帯とゆかたの間を通った状態になります。

23 余った「て先」を帯に入れる

胴に巻いた帯より下に出た「て先」は、折り返して帯の中にしまいます。

24 「て」を洗濯バサミでとめる

23 で帯の中に入れた「て」がずれないように、帯を回す前に、「て」を洗濯バサミでとめます。そのあと、羽根を左右にスライドさせるように動かしてバランスを調節しましょう。

25 帯を時計まわりに回す

左手で胴に巻いた帯の下側を、右手で帯結びを握るように持ち、時計まわりに（左から右に）回します。反時計まわりに回すと衿もとが開いて着崩れるので、時計まわりにします。

26 帯板を入れる

ひと巻き目とゆかたの間に帯板を入れて完成です。まず斜めに入れ、そのあと、帯板の両端を持って横にするとスムーズに入ります。

結べました！

文庫結びはゆかたの帯結びの定番！ シンプルなリボンがかわいらしい帯結びです。

人に着付けるときのPoint《ポイント》

帯を結ぶときは 着る人の左側に立つ

帯を締めるときと同様に帯を結ぶときも、ゆかたを着る人の左側に立ちます。左右の手でそれぞれ帯を持ったら、左手は斜め上の位置でキープし、右手を斜め下に押し出すようなイメージで力を入れて結びます。

「て」を引き抜くときは 羽根の中心を持つ

羽根が動かないように中心を片手で持ち、もう一方の手で「て」を持って上に引きます。両手で力いっぱい引き抜くと帯結びがずれたり、緩んだりしてしまうので注意しましょう。

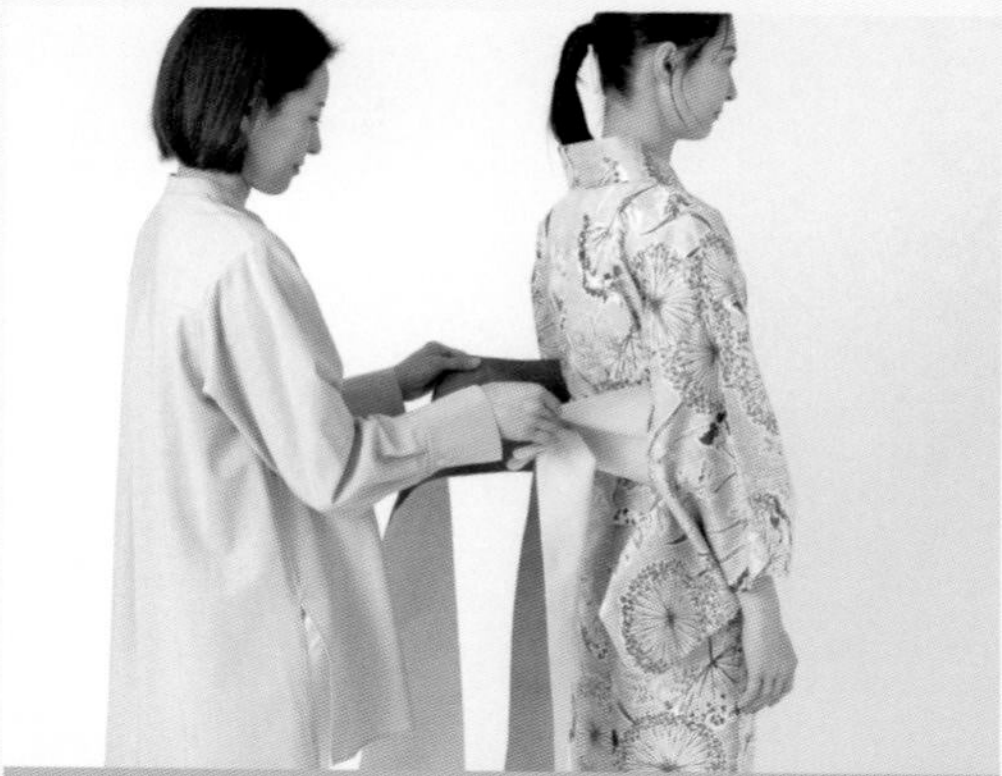

帯を巻くときは 着る人の後ろに立つ

帯を巻くときは着付ける人が後ろに立ち、着る人に帯を後ろから回します。帯を胴にあてた状態で、「て」は右手で持っておきます。自分で着るときと同様、あらかじめ「て」の長さを測り、帯幅を半分に折って洗濯バサミでとめておくとスムーズです。

帯を締めるときは 着る人の左側に立つ

帯を締めるときは、ゆかたを着る人の真後ろではなく、左側に立ちます。着る人の真後ろに立つと、上手に締めることができません。左手は動かさずそのままにし、右手を前に押し出すように力を入れるとスムーズに締められます。

文庫結びの アレンジ

1

羽根をずらす

手順 **14**（p.31）でくるくる巻いた「たれ」の内側を少しスライドさせてずらしてから、ひだをとって結びましょう。ニュアンスが出ます。

2

羽根を長めにする

垂れ下がるリボンが大人っぽい印象。手順 **14**（p.31）で「たれ先」から50cmほどの長さで折り返し、長めの羽根にして同様に結びます。

手順13（p.31）まで終わったら、結び目から20cmを目安に折り返します。

その上に、先ほどよりやや短くなるようにして蛇腹に折ります。

羽根の中心を幅半分に谷折りにし、さらに両端をそれぞれ山折りにします。以降は、文庫結びの手順18（p.32）からと同様にします。

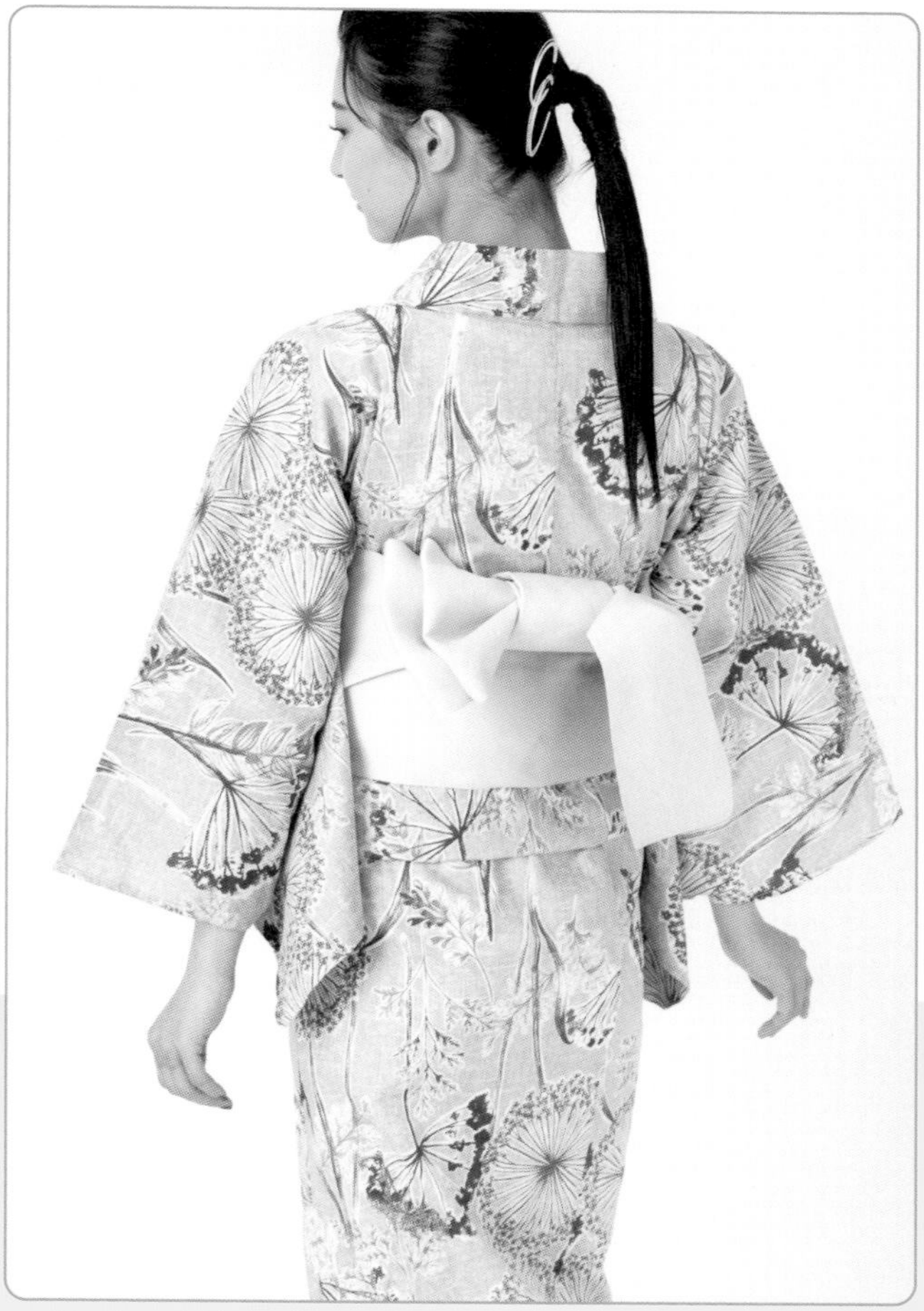

3 片流し

左右のアンバランスさが魅力の文庫アレンジ。左右どちらかの羽根を長めに作るのがポイントです。かっこいい印象の帯結びになります。

4 花文庫

基本の文庫結び（p.34）よりもさらにかわいらしい雰囲気。羽根を作るときのたたみ方を変えて、左右の羽根の枚数を増やしたアレンジです。

手順**13**（p.31）まで終わったら、「たれ」を蛇腹に折りたたみます。下を長くすると、バランスがよくなります。

羽根の中心を幅半分に谷折りにします。

両脇をそれぞれ山折りにして真ん中を持ち、以降は文庫結びの手順**18**（p.32）からと同様にします。

5 重ね文庫

ふっくらとしたフォルムがキャンディー包みのようなかわいらしさ。花文庫（p.38）の最後の手順を少しだけアレンジした帯結びです。

花文庫（p.38）と途中までは同じ。羽根に「て」を巻きつけて引き抜いたら、結び目の根元を開きます。

もう一度、「て」を巻きつけて引き抜きます。このとき、「て先」から入れていくのがポイントです。

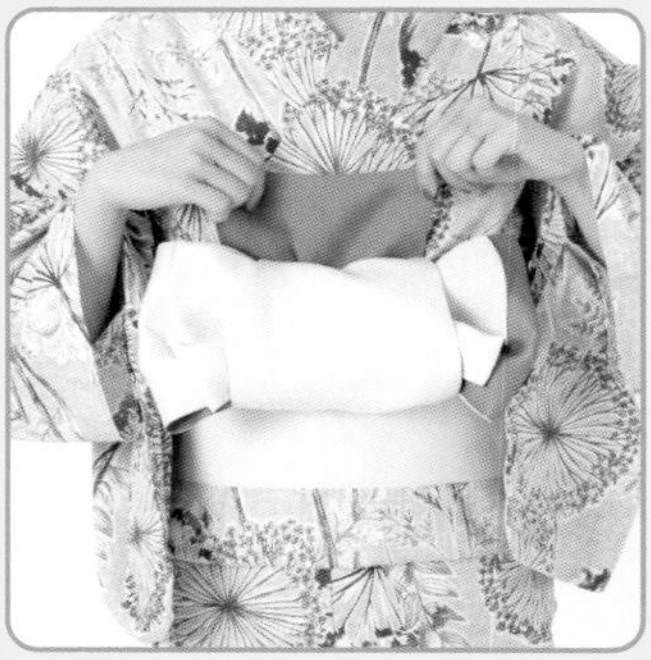

ふっくらとしたフォルムができたらストップ。「て先」をかぶせて完成です。

リボン返し

1 帯の長さを測る

帯を長さ半分のところで折り、中心に目印として洗濯バサミをとめます。

2 背中から帯を回す

帯を背中から回し、両手でそれぞれ持ちます。このとき、右手は洗濯バサミでとめた部分を持ちましょう。

3 左側の帯を肩にかける

背中に帯をぴったりつけたまま、左手で持っていた帯を右の肩にかけます。

4 帯を巻く

右手で持っていた帯を、胴に巻いていきます。おなかに沿わせたとき、洗濯バサミが体の中心にくるように、帯をスライドさせて調整しましょう。

5 帯を締める

帯を左手で背中に回し、再び右手で持ちます。左手でひと巻き目の帯を押さえたら、右手を斜め前に引っ張るようにして帯を締めましょう。

6 帯を左手に持ち替える

右手で持っている帯を左手に持ち替えます。このとき、最初につけた洗濯バサミは外します。

7 肩にかけていた帯を下ろす

左手はそのままで、肩にかけていた帯を右手で下ろします。このとき、肩からただ下ろすだけにし、下に引っ張らないようにしましょう。

8 帯を引き抜く

左手はそのままで、右手で持っている帯を左手で持っている帯の内側に、下から巻きつけるように通します。右手の指で下からぐっと押し上げる感じにするとスムーズです。

9 帯を締める

帯を引き抜いたら、結び目の近くをそれぞれ持ち、斜めに引っ張り合って帯を締めます。上下に引っ張ると締まりにくいので、斜めに引っ張り合うのがポイントです。

10 十字にする

帯を締めたら、十字になるように素早く動かします。こうすることで結び目が緩むのを防ぐことができます。

11 下の帯で輪を作る

リボン結びをしていきます。上側の帯を一度肩にかけておき、下側の帯で輪を作ります。

12 肩にかけていた帯を下ろす

左手で輪をしっかり握っておき、肩にかけていた帯を右手で持って下ろします。

13 もう片方の輪を作る

右手で持っている帯を左手で持っている帯の後ろ側に、下から巻きつけるように通して輪を作ります。右手の指で下から左上へぐっと押し上げる感じにするとスムーズです。

14 リボン結びをする

11で作った輪と同じくらいの大きさになるように、帯を引き抜きながら、結び目をぎゅっと締めます。

15 輪を開く

両方の輪をそれぞれ開きます。こうすることでリボンにハリが出ます。

16 帯の端を2枚重ねる

垂れ下がっている帯の両端を持ち、少し広げるようにしながら2枚重ねます。このとき、どちらの帯が上になっても構いません。

17 帯の端をくぐらせる

帯の端を持ち、リボンの後ろをくぐらせるようにして、２枚一緒に下から通します。

18 ゆっくり引き抜く

ゆっくり引き抜きます。このとき、すべて引き抜かず、15cmほど引き抜いてストップします。

19 余った帯を広げる

引き抜いた帯の下部分に余りができたら、左右に開きます。このとき、２枚重ねたままではなく、１枚ずつ広げるほうがボリューム感が出て、仕上がりがふわふわになります。

20 引き抜いた帯を重ねる

引き抜いた帯をふわっと重ねたら、帯結びの完成です。

21 帯を時計まわりに回す

右手で帯結びを上から握るようにしっかりつかみ、左手は胴に巻いた帯の左下を持ち、時計まわりに（左から右に）回します。反時計まわりはNG。衿もとが開いて着崩れてしまいます。

22 帯結びを背中に回す

帯結びを背中に回します。このとき、一度に背中に回すのではなく、何度か持つ場所を変えながら少しずつ帯を回すとスムーズです。

23 帯板を入れる

ひと巻き目とゆかたの間に帯板を入れます。まず斜めに入れます。

24 帯板をしまう

帯板の下側を帯の中に入れ、次に、帯板の上側が横になるように動かしながら帯の中に入れていきます。

結べました！

リボン結びにひと手間加えただけの簡単さ。歩くたびひらひらと揺れ、かわいい後ろ姿に。

25 帯の下側を帯板の裏に入れる

帯板が落ちてこないように、帯の下側を5cmほど帯板の裏側に入れ込みます。２枚一緒に入れると腹巻のようになるので、ひと巻き目の帯だけを入れ、ふた巻き目はクシュッとさせます。

26 帯の上側を帯板の裏に入れる

同様に、帯の上側もひと巻き目の帯だけ5cmくらい帯板の裏側に入れ込み、完成です。

人に着付けるときのPoint《ポイント》

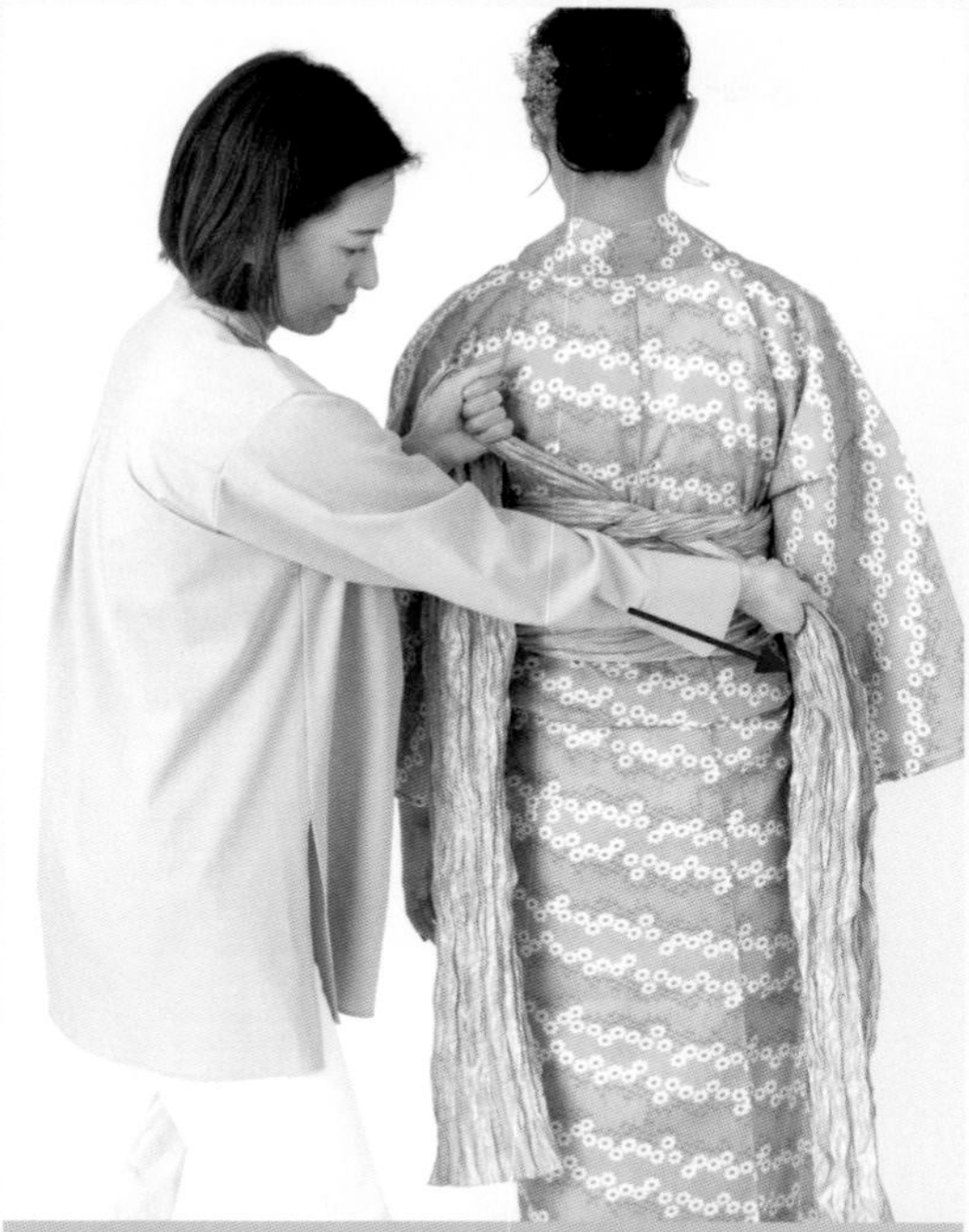

帯を結ぶときは着る人の左側に立つ

帯を締めるときと同様、帯を結ぶときも着せる人の立ち位置が重要です。着る人の左側に立ちましょう。左右それぞれの帯を持ったら、左手は斜め上の位置でキープし、右手は斜め下に押し出すようなイメージで力を入れて結びます。

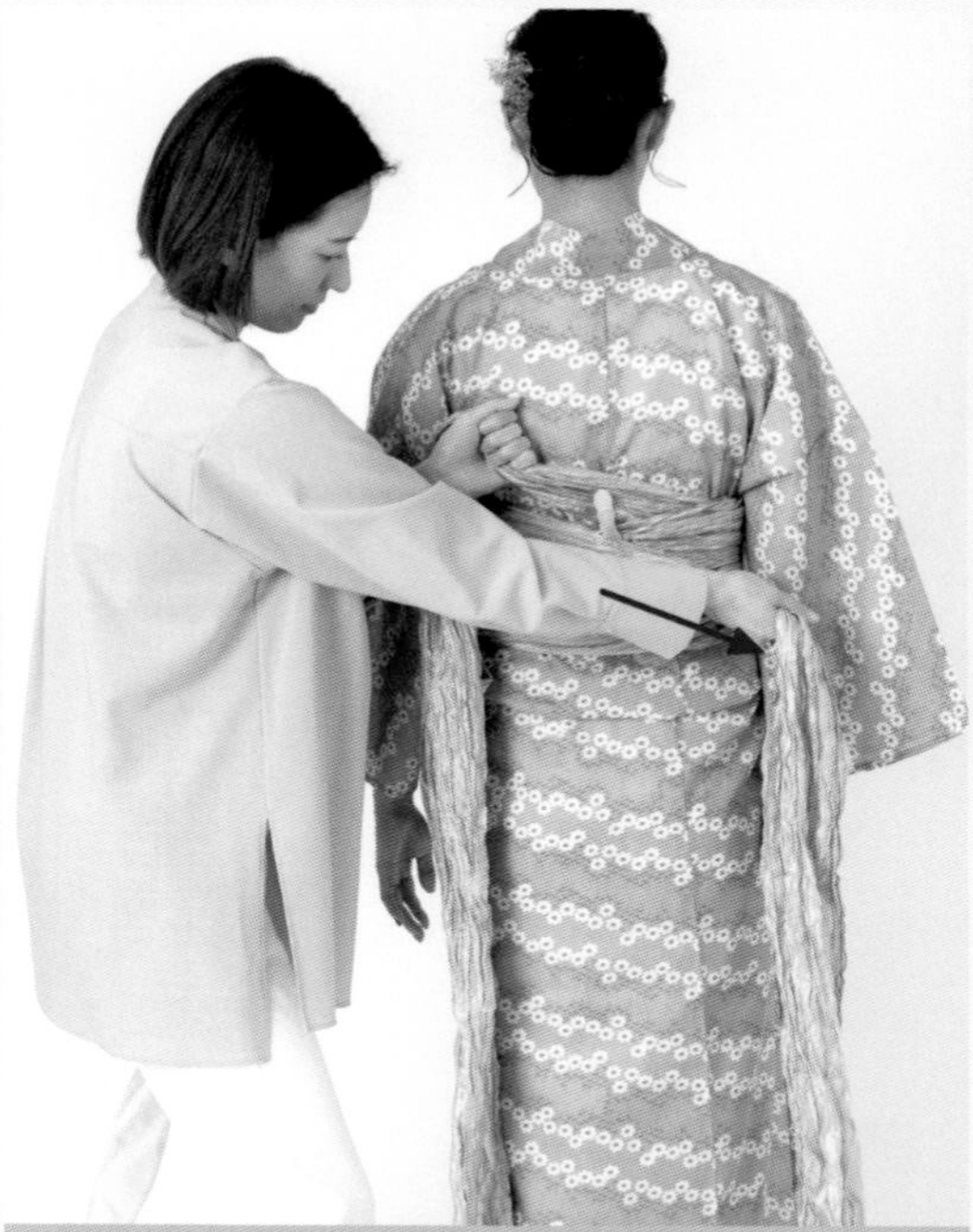

帯を締めるときは着る人の左側に立つ

帯を締めるときは着る人の真後ろではなく、左側に立ちましょう。左手は動かさずにそのままキープしておき、右手を前に押し出すように力を入れるとスムーズに締まります。へこ帯は締まりすぎることがあるので、締め具合を確認しながらゆっくり行いましょう。

へこ帯で結んだリボン返しを半幅帯で結んでみました♪

半幅帯でも同じ結び方ができる

帯結びは半幅帯用、へこ帯用と決まっているわけではなく、どちらも結び方は同じです。本書で紹介している結び方はどちらの帯でも結べます。ただし、結び上がったときの印象が異なり、半幅帯はきりっとした感じ、へこ帯はふんわりしてかわいらしい雰囲気になります。

リボン返しのアレンジ

手順**10**（p.42）まで終わったら、輪が小さめのリボン結びにします。

リボン結びの輪ではない下側の帯２枚を使い、もう一度、やや大きめのリボン結びをします。

２つのリボンを広げ、リボン返しの手順**21**（p.45）以降と同様にして完成です。リボンを広げることでハリが出て、ボリューム感がアップします。

リボン重ね

リボン返しよりもさらにかわいらしい雰囲気が楽しめる帯結び。リボン結びを２回して重ねるだけの簡単アレンジです。

リボン結びにするだけでも

へこ帯なら普段結び慣れているリボン結びにするだけでも、かわいい後ろ姿に。このとき、胴に帯を3回巻いておくと、ほどよい大きさのリボン結びになります。

リボン結びの輪を作る前に、結び目になる部分の帯を左右に開きましょう。このひと手間でボリューム感が出ます。

作り帯のつけ方

1

ひもが上にあることを確認し、帯を背中から回します。帯の端が体の中心にくるように合わせましょう。

2

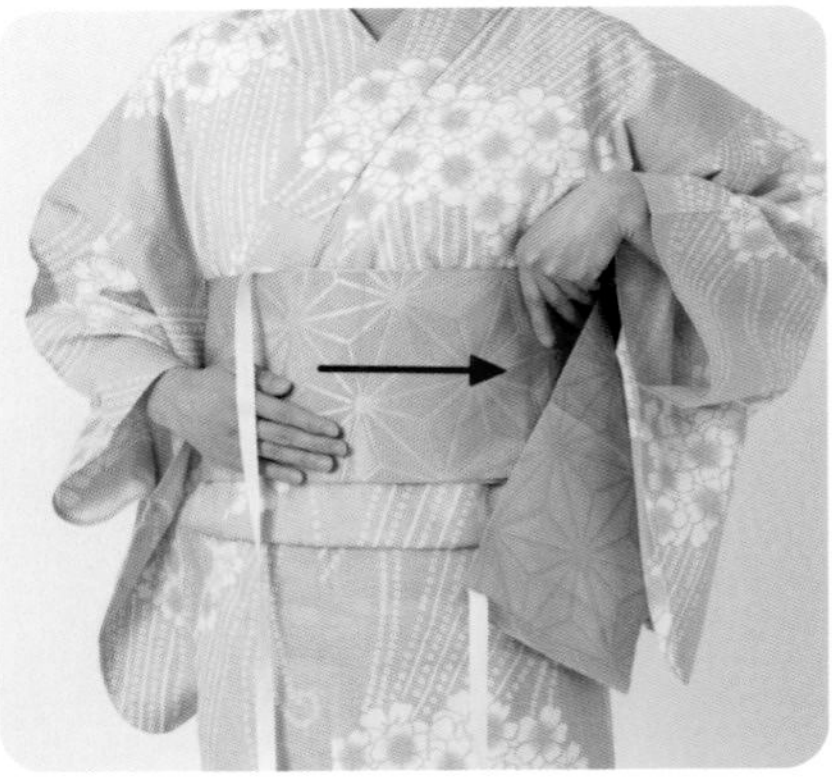

帯が下がらないようにして、胴に巻きます。このときに、ひもが内側にかくれないようにしましょう。

3

帯の端が背中にくるとベスト。帯の端がおなか側にあるときは、ひもを結んだあと、帯を回して調整します。

4

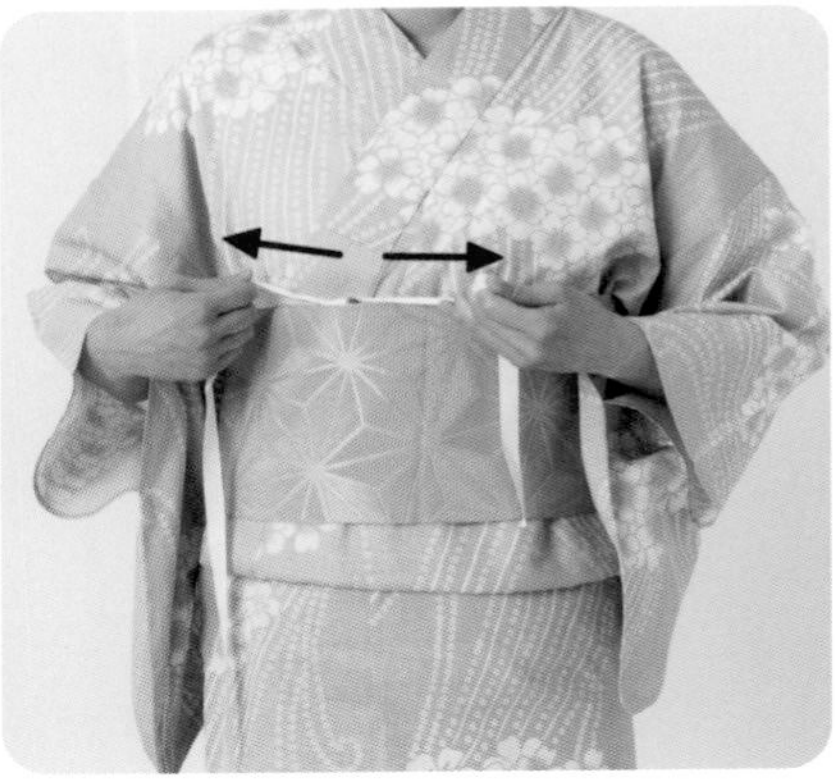

帯の両端についているひもを持ってひと結びしたら、少し引っ張って締めます。引っ張りすぎないように。

5

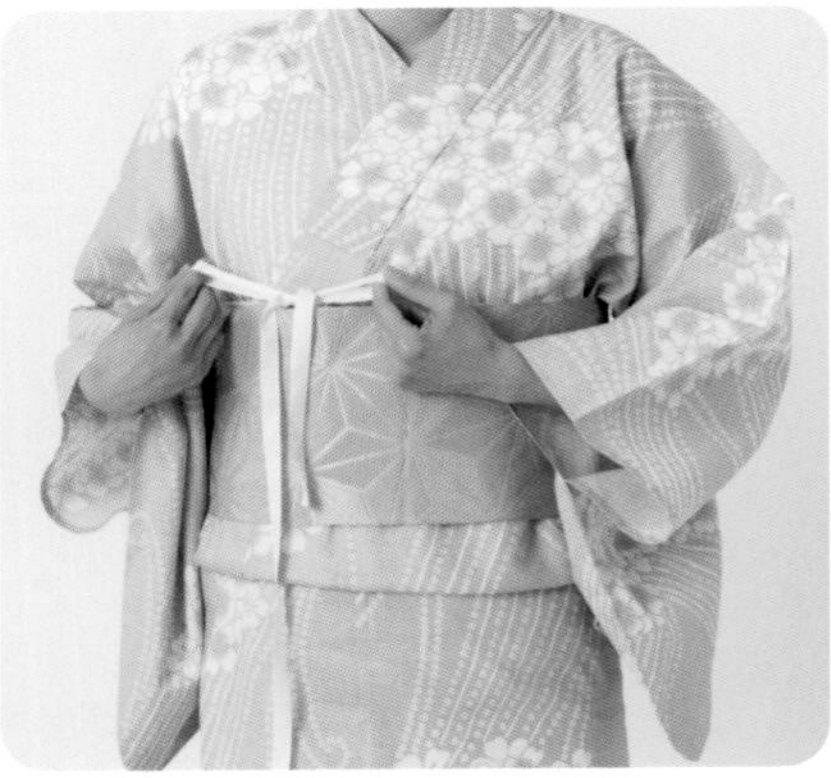

4で締めたひもが緩まないように気をつけながら、リボン結びをします。しっかり結びましょう。

6

ひもを胴に巻いた帯の中にしまいます。下に押すと帯が落ちてしまうので、押し込まないようにします。

7

左手で帯の下側の左脇に近いところを持ち、右手で帯の端を持ちます。

8

ひものつけ根を支点として斜めになるように、帯の端を内側に折り込みます。これで胴に巻く帯は完成です。

9

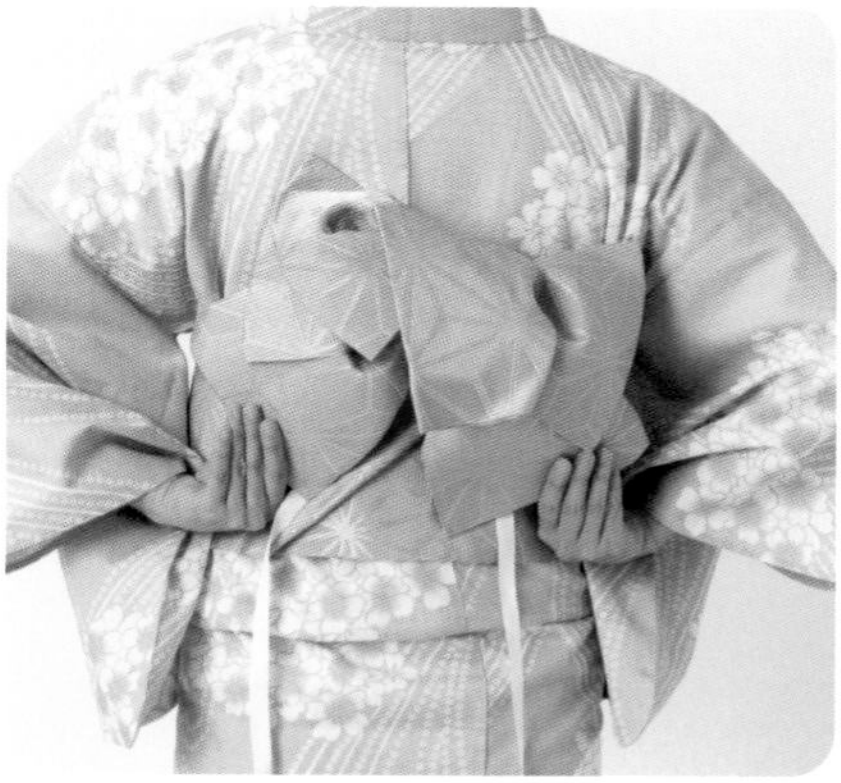

作り帯のＵ字の金具を、胴に巻いた帯とゆかたの間に差し込みます。人に手伝ってもらってもＯＫです。

10

作り帯のひもを前に持ってきます。帯の上端で軽く締めてリボン結びにしたら、ひもは帯の中にしまいます。

11

帯板を帯とゆかたの間に入れます。まず斜めに入れ、そのあと、帯板の両端を持って横にするとスムーズ。

12

Ｕ字の金具が胴に巻いた帯の中に入っているか再度確認します。人に確認してもらってもＯＫです。

帯を結んだときの
きれいな着姿

帯結びがしっかり背中についている

おはしょりは人差し指の長さ

胸がふくよかな人は…

帯を締めると胸がより強調され、帯の上に胸がのったり胸もとが着崩れたりすることもあります。着付ける前にウエストにタオルを巻いておくと、胸もとの凹凸が減るので着姿がすっきりし、着崩れを防ぐこともできます。

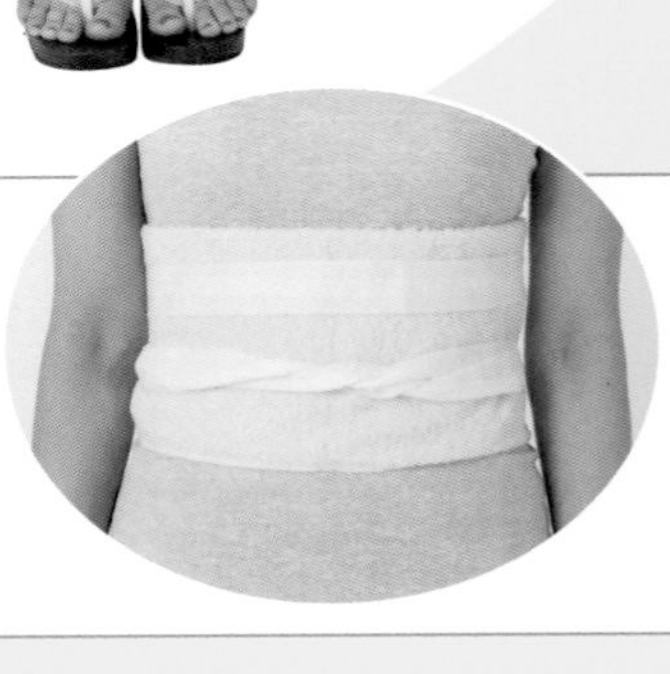

イマイチな着姿

帯結びがグラグラ

帯が緩くなってしまい、背中から離れてグラグラしていると、帯がほどけたり、着崩れの原因になったりします。帯は時間がたつと自然と緩くなるので、最初はややきつく感じるくらいの締め具合にしておきましょう。

帯板が見えている

帯の素材によっては帯板が滑ってずれてくることもあります。帯板が帯から見えても自分では見づらいため、気づきにくいものです。トイレに入ったタイミングでチェックし、帯板が見えていたらしまいましょう。

おはしょりが短いのはOK

OK!

おはしょりが長い

おはしょりは人差し指１本分の長さが目安で、それより長いと子どもっぽく見えたり、野暮ったい印象になったりします。逆に、短めのおはしょりや帯にかくれて見えない場合は、それほど気にしなくてＯＫです。

＊おはしょりの調整はp.19参照

帯結びのアレンジアイデア

前帯のアレンジ

半幅帯
折る

リバーシブルの色合いを楽しめるのが魅力のアレンジ。ふた巻き目をするとき、前帯の上下をそれぞれ斜めに折り返します。

へこ帯
ねじる

ふた巻き目をするとき、前帯を2～3回ねじりましょう。ひと巻き目の帯幅をできるだけ広くしておくのがポイントです。

プラスのアレンジ

プチへこ

短めのへこ帯で、帯結びをボリュームアップさせたり色合いを足したりしたいときに役立ちます。子ども用のへこ帯や薄手のストールでも代用可。

プチへこを 帯結びの上で結ぶ

帯結びを背中に回す前に、帯結びの上でリボン結びをします。プチへこが長すぎるときは、リボン結びを何度か繰り返して調整を。

プチへこを 帯結びの上に重ねる

あらかじめプチへこを5cm幅くらいに折りたたみ、前帯の上側に重ねてつけます。クシュクシュッとさせて重ねてもＯＫ。

ゆかたのときのヘアメイクとネイル

column 02

メイクは着付け前に

メイクとヘアセットは、ゆかたを着る前に済ませておきましょう。ゆかたを着てからメイクやヘアセットをしようとすると、腕を上げづらいからです。手を高く上げることによって、胸もとの着崩れにもつながります。

ゆかたヘア

首筋が出るアップスタイルがおすすめ。ダウンスタイルにする場合は、ゆかたの後ろの衿のカーブにぶつからないように意識しましょう。左右に分けて結んだスタイルか、１本で結ぶならやや高めの位置にすると、ヘアが崩れません。

ペディキュア

素足で下駄を履くので、足の指先が見えます。ゆかたや帯の色に合わせたペディキュアの楽しみも。ゆかたを着たあとでは前かがみになることが難しく、ヘアメイクと同様、着崩れにもつながるので、着付けの前に塗っておきましょう。

3

ゆかた、帯、小物の選び方

ゆかたを選ぶ

リアルな柄

実物をそのまま絵にしたような柄。水彩画のようなふんわりやわらかい雰囲気のゆかたが多く、使われている色が同系色であるほど可憐です。

デフォルメされた柄

椿や菊など和の花はデフォルメされていることも多く、直線や曲線がくっきりしています。パターン化されている柄ならモダンな着姿になります。

素材

ポリエステル

【デメリット】

さらりとした生地感のため、滑って着付けづらいと感じることもあります。綿のゆかたにくらべると、着崩れしやすいのも難点です。裾が足にまとわりつく場合は、静電気防止スプレーを使うと効果的です。

【メリット】

さらりとした着心地で涼しいのが特長で、汗を吸ってもすぐに乾きます。洗濯機で洗うことができて数時間で乾き、縮むこともありません。しわになりにくいのもメリットで、手入れや管理が楽です。

綿

【デメリット】

汗を吸うと湿って、乾きづらいのが難点です。自宅で洗えますが、染料が色移りしたり、生地が縮んだりすることもあります。シーズンが終わったら、専門のクリーニング店に依頼すると安心です。

【メリット】

ゆかたの生地でもっとも一般的なのが綿で、手ぬぐいのようなやや厚地のものから、透け感のあるものまでさまざまです。ほどよいハリ感のある着姿になり、生地が滑らないため着付けも楽です。

小柄、無地系

細かな柄や無地のゆかたは、ワンピースを着ているかのような着姿になります。無地でもレース素材を使うなど、生地に特徴のあるゆかたもおすすめです。

ストライプ

ストライプのゆかたは、線の色や太さによって印象が大きく変わるのが特徴です。着姿がすらりと見えるという、うれしい効果も期待できます。

柄の大きさ

10cm以下の大きさのモチーフがちりばめられたゆかたは、小さな模様が着姿全体に広がります。小柄な人によく似合います。

手のひらほどの大きさの大柄モチーフは､個性的で華やかな印象。着たときに柄がたくさん出るので、背の高い人におすすめです。

サイズの選び方

ゆかたにはフリーサイズやS、M、Lなどのサイズ展開がありますが､「身丈《みたけ》」→「裄《ゆき》」の順にサイズが合うものを選ぶのがポイントです。ふくよかな人は１つ上のサイズ、細身の人は１つ下のサイズにしてもいいでしょう。

帯を選ぶ

半幅帯

半幅帯はリバーシブルになっているものがほとんどです。両面の色柄を見せて結べるので、１本で何通りもの楽しみ方ができるのが魅力です。

無地×無地

リバーシブルの無地の帯はゆかたの色柄を選ばず合わせられ、最初の１本におすすめです。

無地×グラデーション

片面がグラデーションになっているタイプなら、無地×無地よりも印象的。優しい雰囲気もプラスされます。

無地×柄

片面に柄の入ったタイプは、ゆかたの柄×帯の柄の組み合わせになるので、個性的な着こなしが好みの人に向いています。

リバーシブルなので、結ぶと両面の色柄が出ます。

作り帯

胴に巻く部分と背中の帯結び部分とに分かれた帯で、簡単につけられるのが特長です。さまざまな色柄があるほか、帯結びの形も多様です。

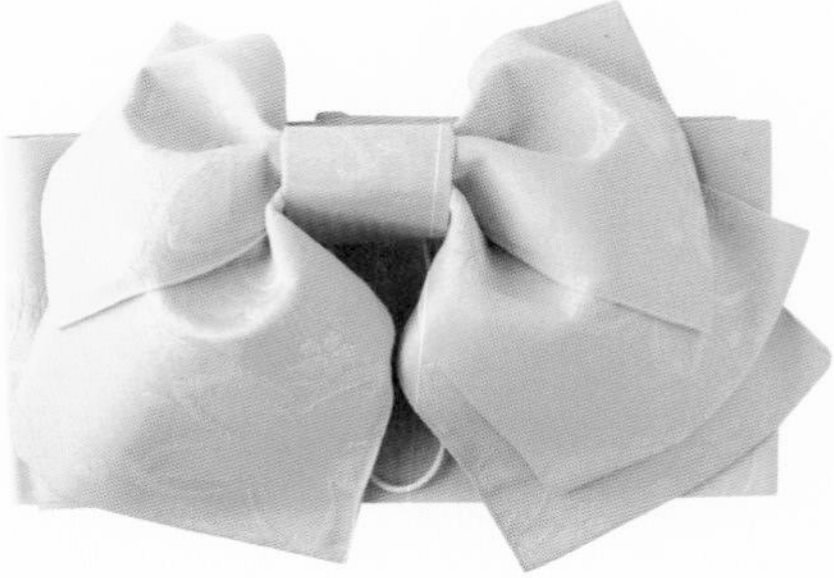

リボン

作り帯のもっともスタンダードな形です。かわいらしい雰囲気が好みの人は、このようなリボン形がおすすめです。

変形リボン

リボンをベースにアレンジされた形で、リボン形にくらべると、大人っぽい雰囲気があります。幅広い年代の人が楽しめる形です。

へこ帯

へこ帯はしわ加工されているものが一般的で、しわ加工が強いほど帯結びが大きく、ふわふわになります。気軽に扱え、保管が楽なのもメリットです。

しわ強め

適当に結んでもかわいく結べるので、帯結びが苦手な人にぴったり。ただし、胴に巻いた帯が細くなりやすいので、帯板は必須です。

しわ控えめ

しわが控えめだとやや小ぶりな帯結びになります。しわを作ったり作らなかったりと、自分で調整できるのもメリットです。

ゆかたと帯の色柄合わせ

シックコーデ

白や黒などの無彩色で色数が絞られたゆかたは、シックな雰囲気。全身を２色に絞ったコーデにすれば、さらにシックです。一方、帯や小物で色を足せば、アクセントの効いた着姿に。

ビビッドコーデ

原色で多色使いのゆかたはそれだけで個性的です。バイカラーや幾何学柄の帯を合わせると、より個性が際立ちます。帯はリバーシブルタイプを使い、前帯を折り返して裏表の色を見せても素敵です。

パステルコーデ

くすみのないクリアな色使いの組み合わせは、かわいらしく可憐な雰囲気。少し大人っぽくしたいときは、紺や紫などの濃い色の帯を合わせましょう。落ち着いた雰囲気になります。

くすみコーデ

グレーやベージュをベースにしたくすみコーデは、優しい雰囲気になります。小物もグレイッシュトーンの色合いにすると、しっくりなじみます。やわらかなへこ帯との相性も◎です。

色柄合わせのポイント

着姿の印象は帯の色で決まる

シックな雰囲気が好みなら、黒や紺、紫などの濃い色の帯を。ふんわりかわいらしい雰囲気が好きなら、白または水色やレモン色などの淡い色の帯を合わせるのがおすすめです。

黄みや青みで色合いを合わせる

ベージュやクリーム色などの黄みの入った色合いのゆかたなら帯も黄みトーンで合わせると、しっくりなじんだコーデが簡単に作れます。青みも同様に色合いを合わせればＯＫ。

無地の帯は万能アイテム

最初の１本は無地の帯を選びましょう。どんな柄のゆかたにも合わせることができます。半幅帯はリバーシブルがほとんどなので、１本持っていれば、裏表の２色を楽しめます。

帯の色はゆかたの色から選ぶ

帯合わせのコツは、ゆかたに使われている色の中から１色を選んで、その色の帯を合わせること。迷うことなく簡単に合わせることができ、全体の色合いがしっくりまとまります。

お母さんのゆかたを着る

急に決まったゆかたでのお出かけや、いつもとは雰囲気を変えた着姿にしたいときは、ママゆかたを着るのもおすすめ。母と娘の身長の差が10cm以内なら、兼用で着ることができます。

絞りのゆかたは、独特の凹凸感が特徴的。やわらかな着心地で、しわも気になりません。

伝統的な王道のゆかた姿を楽しめる紺白ゆかた。ゆかたの柄が引き立つよう、帯は無地で控えめに。

飾りアイテムで遊ぶ

帯締め 帯留め

帯締めや帯留めは帯のポイントアイテム。ひも部分が「帯締め」で、飾り部分が「帯留め」です。帯締めや帯留めは飾りなので、つけてもつけなくても構いません。

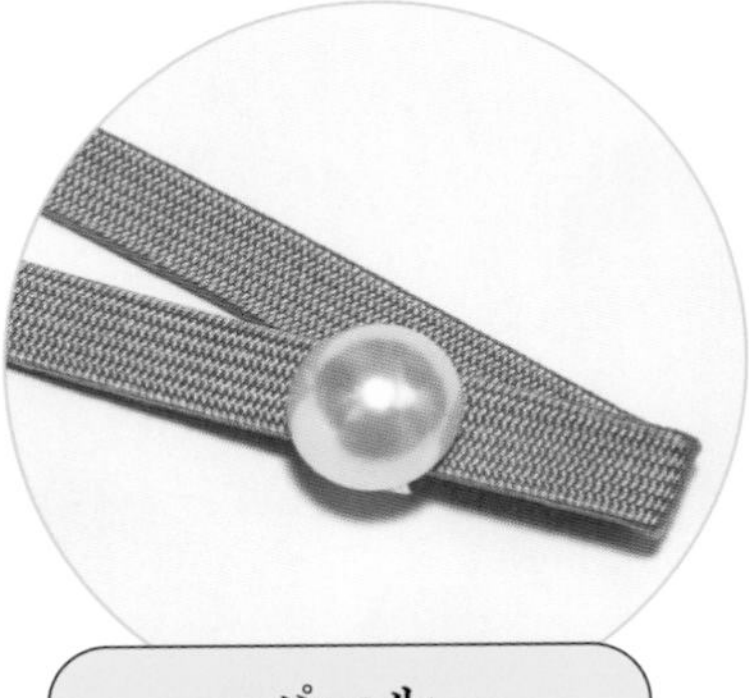

パール

ひと粒パールの帯留めがついているもの、帯締め部分もパールのものなどがあります。かわいさがプラス。

ガラス

ガラスの透明感が夏にぴったりな帯留めが帯締めについています。大きさや形、数など、さまざまです。

つまみ細工

つまみ細工は、小さな布をつまんで折りたたみながら作る伝統工芸。立体的なフォルムが特徴です。

後ろで結ぶ

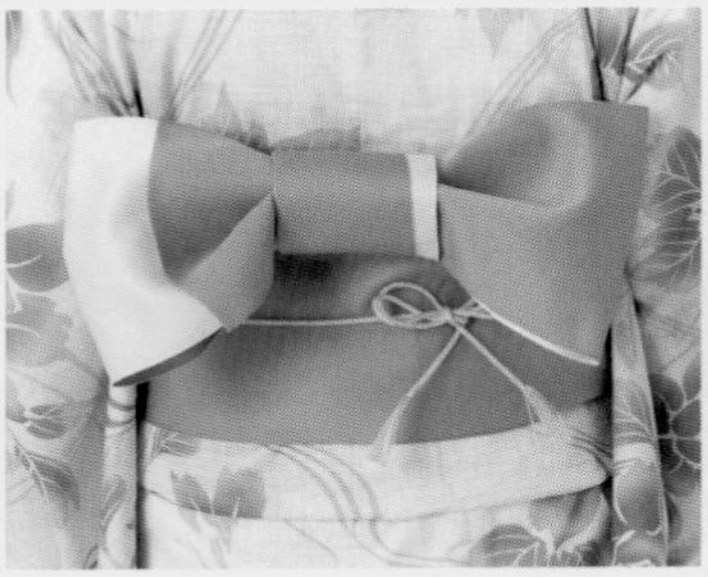

後ろでリボン結びをしてもかわいくなります。前帯部分でリボン結びをしたあと、後ろに回せばＯＫです。

前で結ぶ

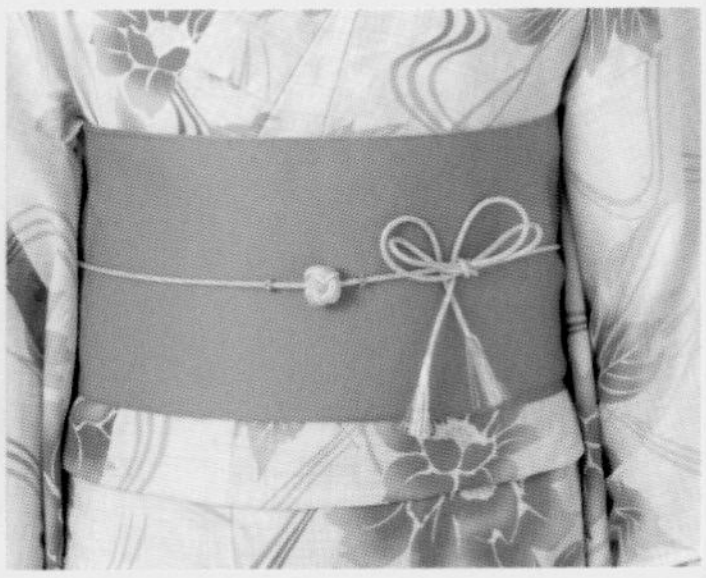

帯留めの横にリボン結びで結んでみましょう。前帯のポイントが増え、華やかな帯まわりになります。

髪飾り

ゆかたに合わせる髪飾りに決まりはありません。ゆかたを着てから髪飾りをつけるときは、人につけてもらいましょう。腕を高く上げるとゆかたが着崩れてしまいます。

コサージュ

華やかでかわいらしい雰囲気にしたいときは、コサージュがおすすめです。

リボン

リボンを髪の毛と一緒に編み込んでも、リボンの形に結んだものをあとからつけても素敵です。

ピン

シンプルなワンポイントがほしいときは、ピンどめやバレッタを使いましょう。

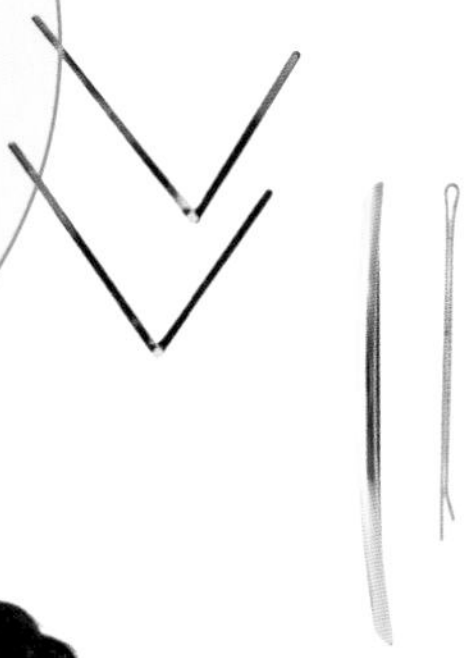

ヘアのポイント

ゆかたは後ろの衿を首から離して着るため、髪型によっては衿にぶつかってしまうこともあります。衿のフォルムを意識しながらヘアスタイルを決めましょう。

バッグと履物

バッグ

布バッグ

洋服に近い着姿を楽しみたいときは、小ぶりな布バッグがおすすめです。とくに無地やレース素材なら、ゆかたの柄を選ばずに合わせることができます。

かごバッグ

ゆかたに合わせるバッグの定番で、竹などの天然の植物繊維やプラスチックなどの素材、大きさともにさまざま。巾着がついているタイプなら、中身が外から見えず安心です。

肩かけバッグはNG

持ち手の長いバッグの場合、肩にかけたくなると思いますがそれはNG。和服はひじが見えると下品に見えてしまいます。どうしても持ち手の長いバッグを持ちたいときには斜めにかけましょう。

バッグを持たないとき

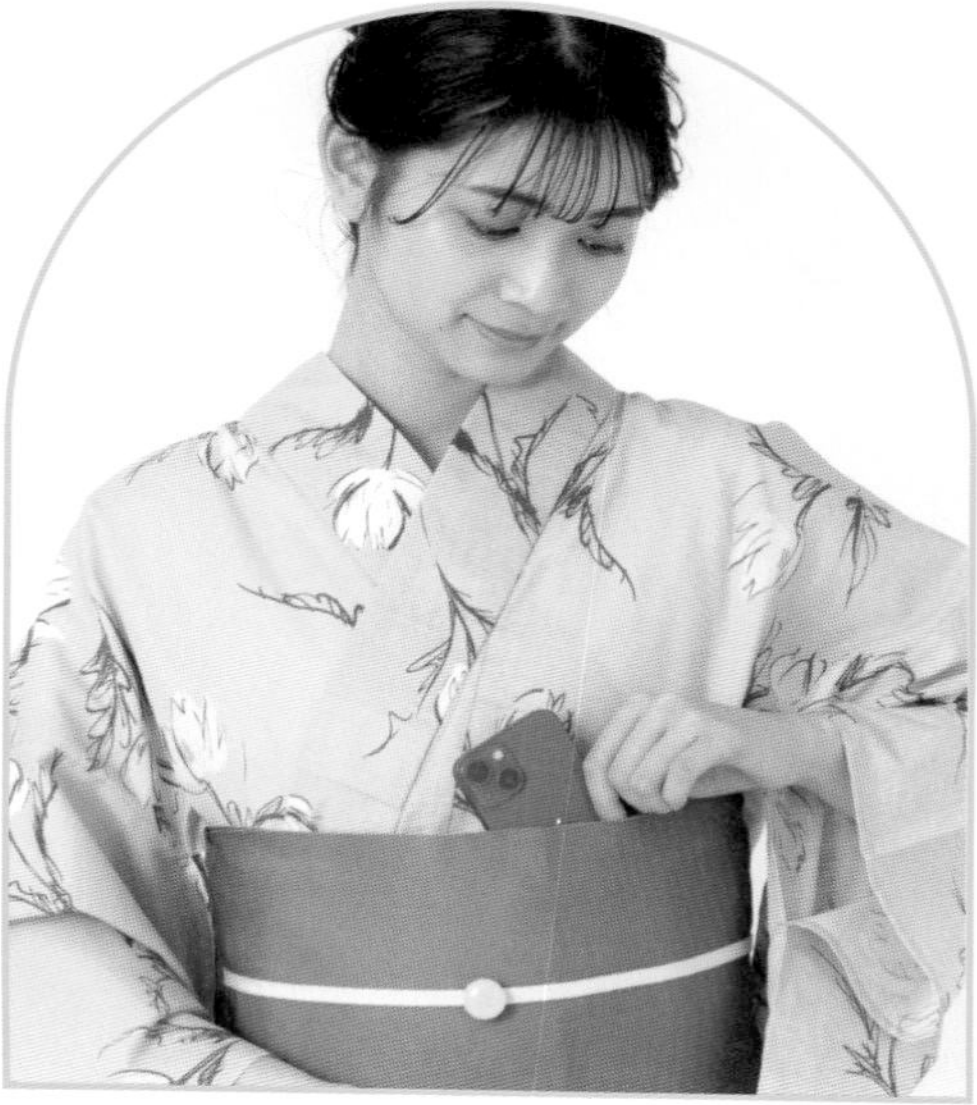

スマホは帯の中に

ゆかたにはポケットがありません。スマホはゆかたと帯の間か、帯と帯の間に入れましょう。ゆかたの胸もとにスマホを入れると、出し入れしているうちに胸もとが着崩れてしまうこともあるので、入れるのは避けましょう。

ハンカチやリップなど軽いものは袖に

ハンカチやリップなど軽めのものなら、袖のたもとの中に入れておくと便利です。一方、スマホなど重さのあるものをたもとに入れると袖が下に引っ張られ、ゆかたの脇が着崩れるのでやめましょう。

履物

草履《ぞうり》は履かない

台がエナメル素材のものは「草履」といい、ゆかたではなく、着物に合わせます。

下駄

ゆかたには下駄を合わせます。四角形や二枚歯など台の形はいろいろありますが、サンダル感覚で履ける小判形の下駄が疲れにくくておすすめです(⇨p.70)。

下駄のあれこれ

下駄には左右がない

下駄は左右を決めて履いても、決めずに履いても構いません。鼻緒の片方に柄がある場合、柄が外側にくるように履くと柄が目立ち、内側にくるように履くと目立たなくなります。

下駄の台は木で作られている

下駄は台の部分が木で作られていて、とても軽いのが特徴。衝撃が加わると角が欠けることがあるので、指を通したあとでつま先を立てて、床などにトントンたたくのはNGです。

雨の日は注意

下駄は台に開けた穴に鼻緒を通して作られているため、雨には注意が必要です。底から水がしみると鼻緒が濡れ、傷む原因にも。水たまりを踏まないように気をつけましょう。濡れたら風通しのよい場所で数日乾かします。

色の濃い台と淡い台がある

黒い台は汚れが目立ちにくく、１足持っていると重宝します。ほかに、茶色の台、木の素材そのままのベージュ色など、さまざまあります。

フリーサイズが一般的

SやM、Ｌなどのサイズで選べるときは、自分の足のサイズを目安にしましょう。ゆかたや帯と一緒にセット売りされている下駄は、フリーサイズが一般的です。

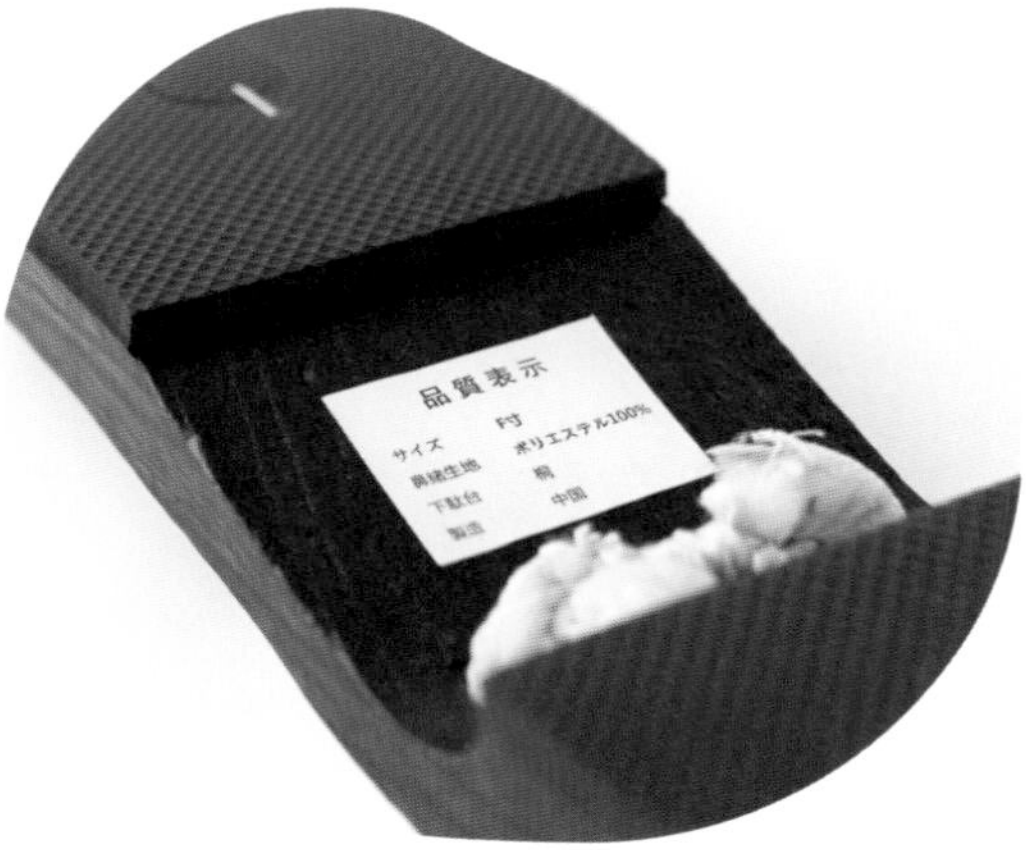

履き方

ビーチサンダルのように指の股まで入れると、歩いているうちにすれて痛みが出ることがあります。

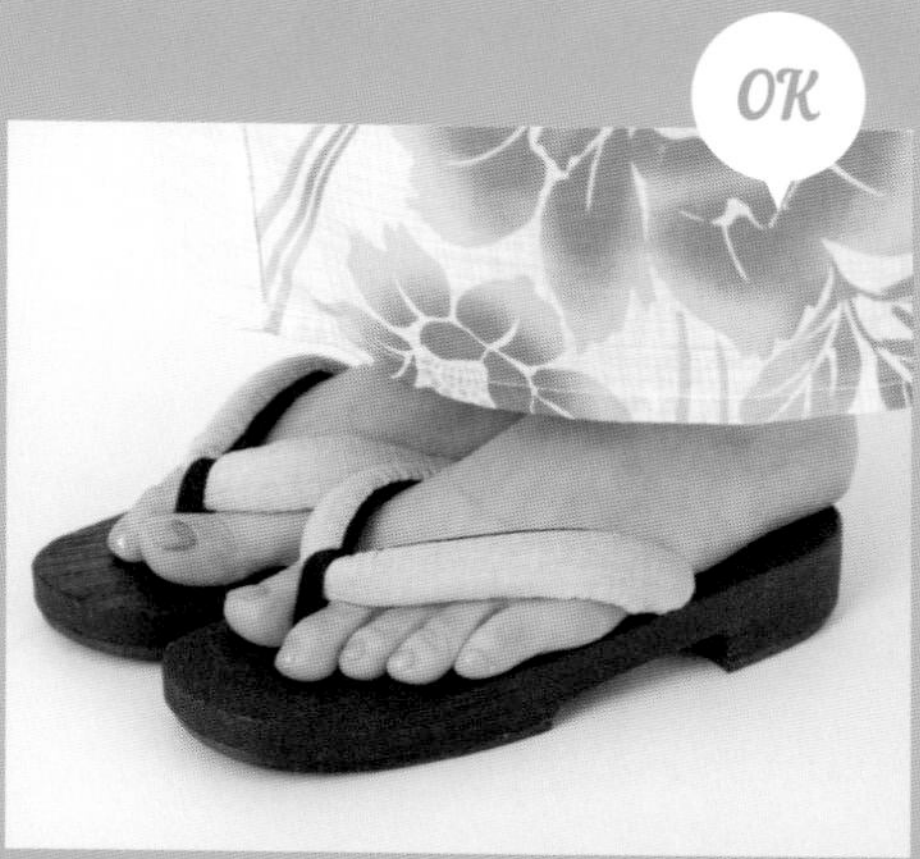

鼻緒に指を通すとき、指の股まで入れず、控えめに通すのが正しい履き方。かかとも台から出るのが理想的です。また、小指が台からはみ出ることもありますが、これもよくあること。かかとや小指がはみ出るのは下駄を正しく履けている証拠で、サイズが小さいわけではありません。

洋テイストをプラス

レースの小物をとり入れたコーデ。
レースリボンを
半幅帯の上部にプラスして。

レースリボン

太めのレースリボンは甘さをプラスできるアイテム。背中の帯結びの上でリボン結びにするだけと簡単です。細めのレースリボンなら帯締めの代わりにも。2本使いにするのもおすすめ。

幅広のレースリボンを使い、背中の帯結びの上でリボン結びをしています。

レース足袋

足袋を下駄に合わせる場合は、レースがおすすめです。靴下タイプでさっとはけるレース足袋は、鼻緒がすれて足の指が痛いときにも役立ちます。

ネックカバー、アームカバー、
ヒールの靴と
洋アイテムをいろいろ使って。

ネックカバー

レースなどのネックカバーをプラスすると、首もとが一瞬で洋テイストに。ゆかたを着てからつける「つけ衿」も、簡単にとり入れられる洋アイテムです。

アームカバー

袖口からアームカバーをちらりとのぞかせるだけで、ガーリーテイストのゆかたスタイルになります。レースや透け感のある素材がおすすめ。

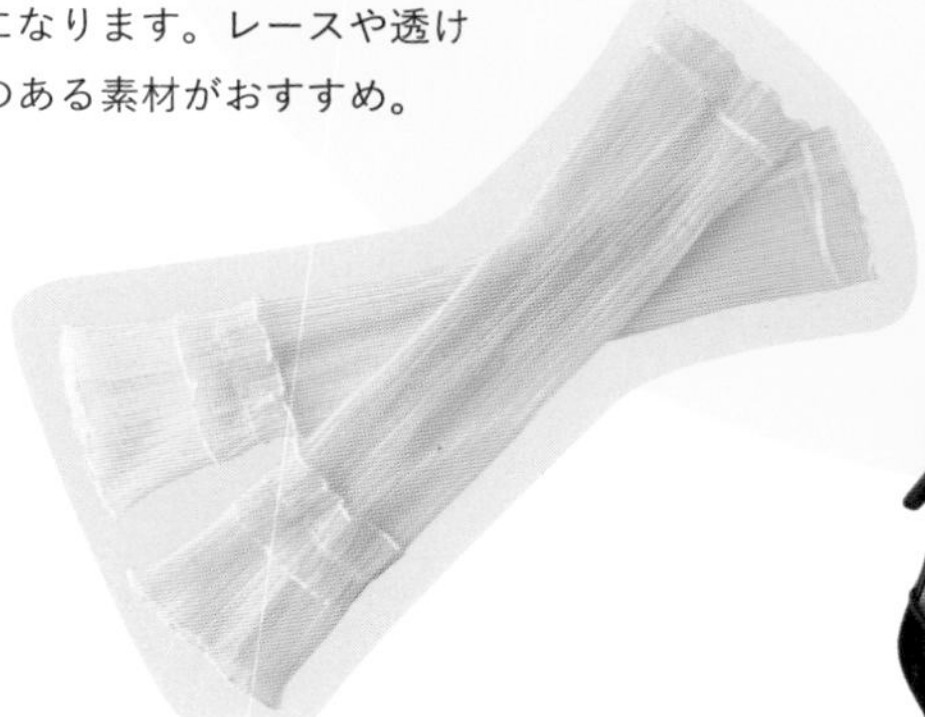

靴

ヒールのある靴やサンダルなら、カジュアルアップした着姿を楽しめます。一方、ビーチサンダルなら、ラフさのある着姿になります。

ゆかたのときのお作法

歩く

腰まわりをタイトに着付けるゆかたは裾が開きづらく、広い歩幅で歩くことができません。歩幅が広いと裾がめくれるので、洋服のときより歩幅を狭めて内股ぎみに歩きましょう。

立つ

立つときは、やや内股にして足を閉じます。がに股になったり、足を開いて立ったりするのは避けましょう。また、片足に重心をかけて立つのも、ゆかた姿だと素敵ではありません。

イスに座る

帯結びが背もたれにあたって崩れないように、浅めにイスに腰かけましょう。このとき、背筋をまっすぐ伸ばすときれいです。避けたいのが足を前に投げ出す座り方で、ゆかたには合いません。

階段を上る・下る

階段の上り下りをするときは、太もものあたりのゆかたをつまんで少し持ち上げるのがポイントです。裾に汚れがつくことなく、また、スムーズに足を動かせます。

手を洗う

たもとが濡れやすいので、食べるときと同様に注意が必要です。手を洗う前に、たもとを帯の中へぐっと入れておきましょう。手を拭いたら、たもとを出して整えます。

食べる

袖には「たもと」という垂れ下がっている部分があります。手を前に伸ばすときは、袖が汚れないようにもう片方の手でたもとを押さえましょう。また、食事の際は汚れ防止に、ハンカチなどを帯に挟んでおくのもおすすめです。

足が痛いとき

鼻緒がすれて、指や甲に痛みが出てきた場合は、より浅めに鼻緒に指を通して歩くようにします。小さくたためるレース足袋を用意しておき、痛くなったらはくのもひとつの方法です。

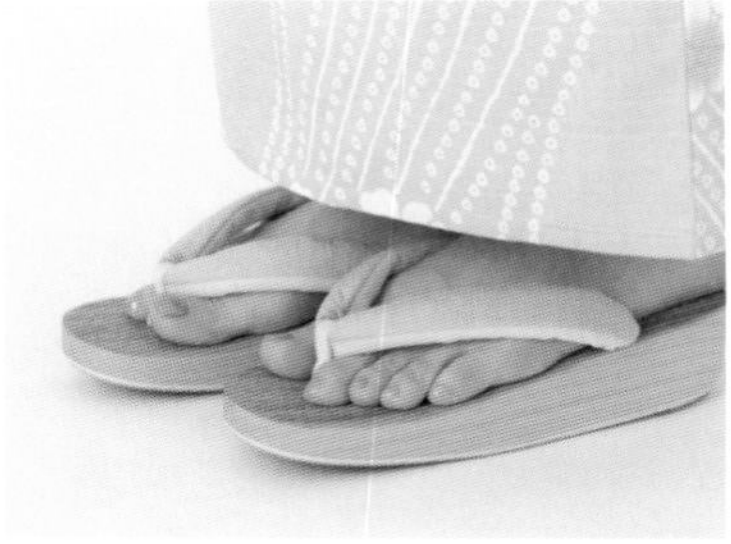

トイレに行く

ゆかたの上前《うわまえ》、下前《したまえ》、肌着の順にめくり、肌着でゆかたを包むように持っておきます。戻すときは肌着、下前、上前と、逆の順にします。後ろを一気にめくり上げるのはNGです。

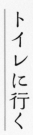

着崩れしたら

衿もとが緩む

背中にたるみができて衣紋《えもん》が詰まると、衿もとが緩んできます。衿もとはかなり目立つ部分で、緩みが大きいと素肌や肌着が見えてしまうこともあります。

1

後ろのおはしょりを両手で持って、下にゆっくり引っ張ります。これで上半身の空気が抜けてたるみがとれ、衿合わせがきちんとします。

2

胸もとから首まで、たるみなくぴったりしているのが美しい状態です。横から見たとき、素肌や肌着がのぞかないくらいを目安にしましょう。

帯が下がる

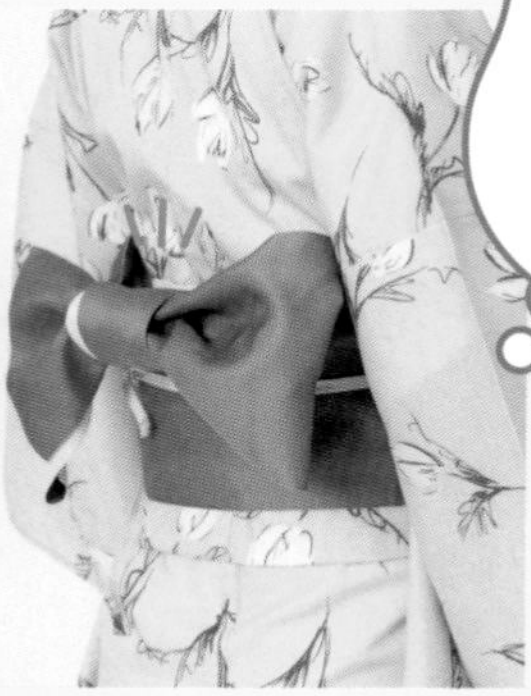

帯は時間の経過とともに体になじみ、緩みが出たり着崩れたりすることもあります。帯結びが下がってマジックベルトや腰ひもが見えていたら直します。

1

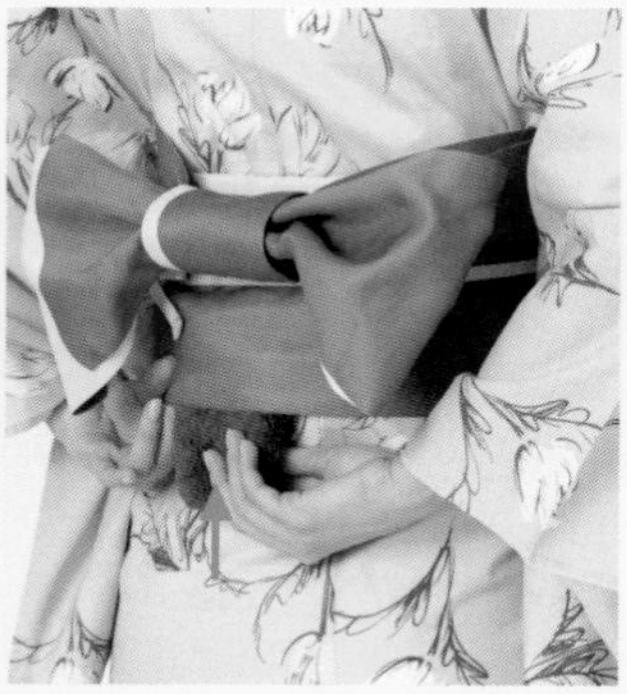

小さく丸めたハンドタオルやポケットティッシュなどを、胴に巻いた帯の中に入れます。背中側の下から入れ込み、胴に巻いた帯の緩さがなくなればＯＫ。

2

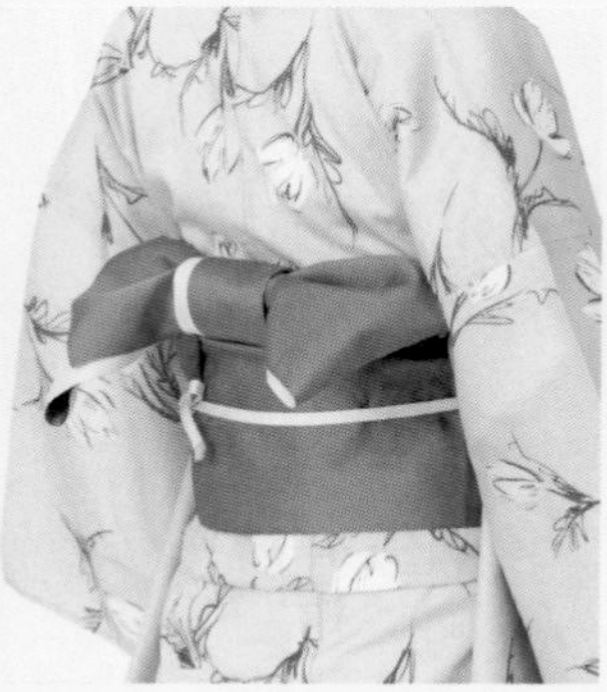

帯の緩さがなくなって帯結びが上がり、背中にぴったりつけば応急処置は完了です。タオルなどを帯の中にたくさん入れても、意外と目立ちません。

避けたい直し方

胸もとのたるみを帯に入れない

OK

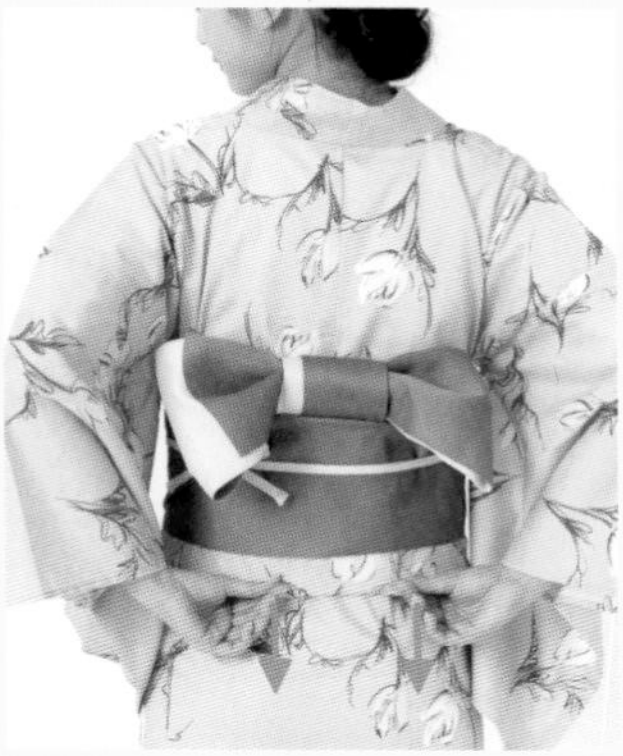

胸もとや脇にたるみができたら、後ろのおはしょりを下に引きましょう。胸もとが背中に引っ張られ、簡単にたるみをとることができます。後ろの衿のフォルムもきれいになります。

NG

たるみを入れ込むと、後ろの衿が詰まってしまいます。帯の中に胸もとのたるみを入れるのはやめましょう。

胸もとにたるみができたからと、シャツをパンツやスカートに入れるときのように帯の中に入れてしまいがちです。

裾を下に引っ張らない

OK

裾がめくれるのが気になるなら、裾の端を持って押さえるか、下ではなく、横に引っ張りましょう。

NG

下に引っ張ると、裾がフレアスカートのように広がり、裾がいっそう開いてしまいます。

歩くたびに裾がひらひらと開くのが気になると、下に引っ張ってしまいがちです。

ゆかたの手入れ・収納

洗う

ゆかたを脱いだらハンガーにかけ、汗などの湿気が飛ぶまで室内に干します。乾燥後、しわが気になるなら、濡れタオルなどで少し湿らせ、直射日光があたらない風通しのよい場所にひと晩干すと、しわが目立ちにくくなります。ポリエステル素材のゆかたなら、洗濯機で洗ってOKです。すぐに干せば、乾くころにはしわがきれいに伸びています。

収納

ゆかたは左ページのように、たたんでからしまいます。収納するときに色移りが気になるなら、同色でまとめると安心です。半幅帯は端からくるくる丸めると折りじわがつかずに保管でき、立てて収納することもできます。ボリューム感のあるへこ帯は小さくまとめ、ジッパーつきの保存袋に入れて収納するといいでしょう。

クリーニング

シーズンが終わったら、ゆかたをクリーニングに出しましょう。自宅での洗濯では、ゆかたに染み込んだ汗を完全にとり除くことはできません。洗濯してからしまっても、次のシーズンには黄ばんでいることもあります。クリーニング店では「汗抜き」をするので黄ばむことはなく、次のシーズンも気持ちよく着られます。

ゆかたのたたみ方

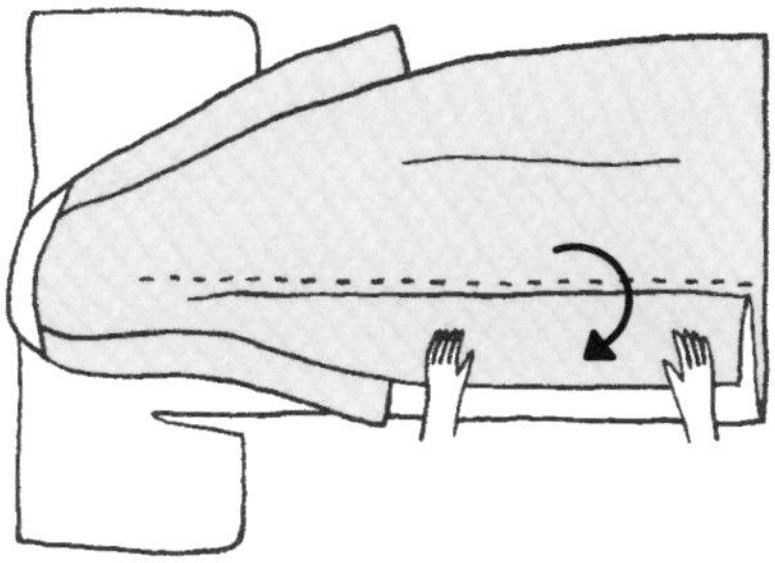

1 衿が左になるように置き、おくみ線の縫い目を目安に下前《したまえ》を折ります。

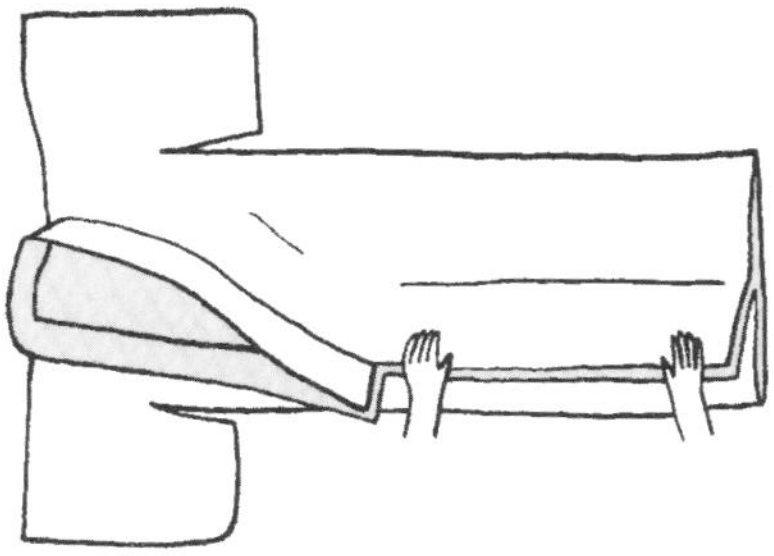

2 下前の端に上前《うわまえ》の端を重ねます。このとき、重ねるのは衿先あたりまでで、上半身はそのままにしておきます。

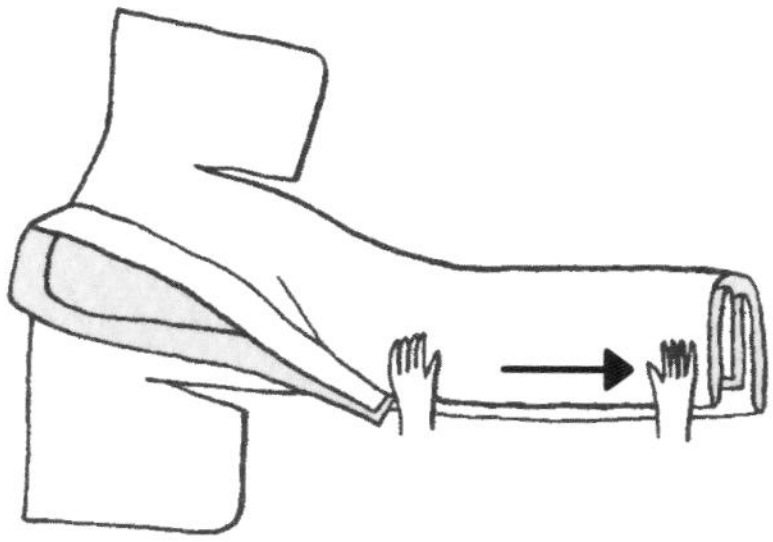

3 上前全体を重ねます。そのあと、衿先下あたりに左手を置き、右手で裾までなでて空気を抜きましょう。

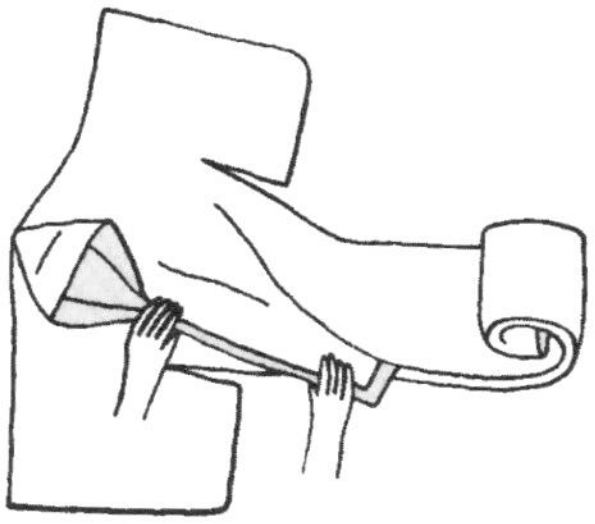

4 裾がずれないようにくるくる巻き、衿を衿先から重ねます。衣紋《えもん》の部分は三角に折ります。

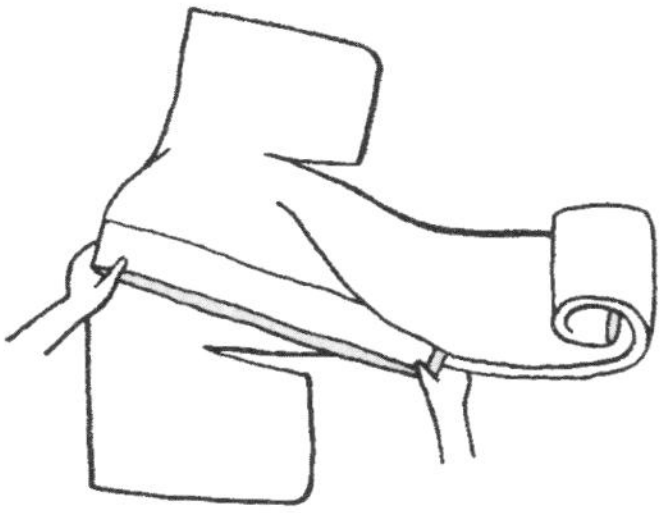

5 折った衣紋をきれいに重ねたら、衿全体がきれいに重なっているかを確かめます。

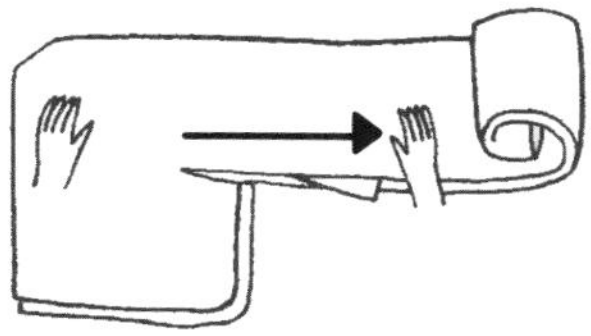

6 下前の袖に上前の袖を重ねます。そのあと、肩山に左手を置き、右手で空気を抜くように、左から右になでましょう。

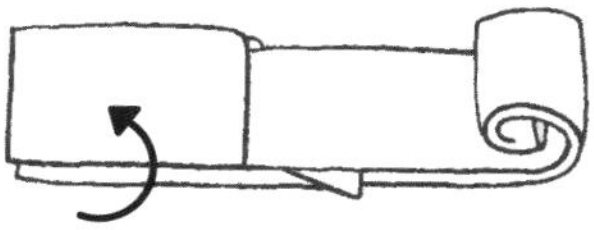

7 袖はそれぞれ外側に折り返して、身頃に重ねます。

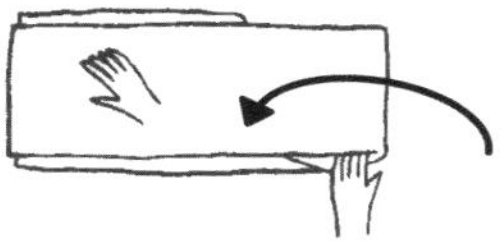

8 くるくる巻いておいた裾をいったん広げ、身丈《みたけ》半分のところで折ります。

大竹恵理子

父が大工、母が和裁士という家庭に生まれ育ったため、自然と日本文化に興味を持つ。長沼静きもの学院にて、一般的な着付けをはじめ、花魁《おいらん》などの時代衣裳、白《しろ》無《む》垢《く》などの婚礼衣裳まで、さまざまな着付けを学んだあと、着物の会社に入社。７年間勤めたあと、2013年に独立。以降、フリーランスの着物スタイリスト・着付け師として、広告や雑誌、書籍、CMなどの媒体を中心に活動している。著書に『着物のイロハ』（成美堂出版）、『半幅帯の本』（河出書房新社）など、監修本に『マンガで教養 はじめての着物』（朝日新聞出版）などがある。

http://eriko-otake.com/

STAFF

ブックデザイン　佐久間麻理（3Bears）
撮影　本間直子
モデル　世良マリカ、神﨑沙穏、愛敬淳希
（すべて、PLATINUM PRODUCTION）
スタイリング／着付け　大竹恵理子
ヘアメイク　木村芽生
撮影協力　内藤淑子、長井朱峰、野島久代
イラスト　辻本真美、はやしゆうこ
校正　堀江圭子
編集協力　小畑さとみ
企画・編集　成美堂出版編集部（川上裕子）

＊本書を制作するにあたり、取材や商品貸出にご協力くださった各ショップ、メーカーの皆様に心より感謝とお礼を申し上げます。
＊2023年４月現在の情報です。商品によってはデザインの変更や品切れになる場合もあります。あらかじめご了承ください。

問い合わせ先

きもの館 創美苑
tel 0120-01-5298 https://www.soubien.jp/

p.2、p.68 金魚のゆかた、半幅帯、帯留め／麻の葉のゆかた
p.3 ブルーの花柄ゆかた
p.4 クラッチバッグ
p.6、p.26、p.28-39、p,47、p54、p.58、p.64、p69、P72、P76-77 半幅帯
p.8、p.52-53 半幅帯
p.9 マジックベルト
p.26、p.49 ぶどう柄のゆかた
カバー、p.55 グレー地に白い花柄のゆかた、半幅帯
p.26、p.50-51 作り帯
p.59 ストライプのゆかたと半幅帯
p.60 無地×無地の半幅帯、無地×柄の半幅帯、帯結び着用画像の半幅帯
p.61 しわ控えめのへこ帯、作り帯（2種類とも）
p.62 シックコーデのゆかた、半幅帯、帯留め／くすみコーデのへこ帯
p.63 パステルコーデのゆかた
p.64 黄みのゆかた、青みのゆかたと半幅帯（６本とも）、紫陽花のゆかた、
p.65 白の半幅帯
p.66 ガラスの帯留め、ベージュの半幅帯
p.71 ピンクの鼻緒の下駄
p.72 モデル着用のレース足袋、レースのバッグ

竺仙
tel 03-5202-0991 https://www.chikusen.co.jp/

p.2、p.60-61、p.68 無地×グラデーションの半幅帯
p.65 紺白ゆかた

ふりふ（新宿店）
tel 03-3349-5827 https://furifu.com

p.8、p.12～23 アザミのゆかた

ゆかた館グレース
tel 0563-72-0466 https://graceshop.jp

p.4 花柄のゆかた
p.6、p.26、p.69、p.76-77 ピンク地のゆかた
p.27、p.66、p.70 ブルーグレーの花柄ゆかた
p.27、p.50-51、p.60、p.75 白とピンクの花柄ゆかた
p.27 ラベンダーのへこ帯
p.26、p.49 ターメリックのへこ帯
p.54、p.59、p.78 ミント色のゆかた
カバー、p.55 プチへこ
p.59、p.74～75 グレー地のゆかた
p.59 ナデシコ柄のゆかた
p.62 くすみコーデのゆかた
p.63 パステルコーデのバッグ
p.64 グレーの花柄ゆかた
p.64 マスタードのへこ帯
p.65 パープルのへこ帯
p.78 ベージュの花柄ゆかた

はじめてのゆかたの着付けとかわいい帯結び

著　者　大竹《おおたけ》恵《え》理《り》子《こ》
発行者　深見公子
発行所　成美堂出版
〒162-8445　東京都新宿区新小川町1-7
電話(03)5206-8151　FAX(03)5206-8159
印　刷　大日本印刷株式会社

ISBN978-4-415-33267-3
落丁･乱丁などの不良本はお取り替えします
定価はカバーに表示してあります